명법문 시리즈 04

우리 시대 스님
열여덟 분이 들려주는
희망 법문

2013년 2월 4일 초판 1쇄

기획 : 《법보신문》, 월간 《불광》
펴낸이 : 박상근(至弘)
주간 : 류지호
책임 편집 : 천은희
편집 : 이상근, 정선경, 오재헌, 이기선, 천은희
디자인 : 김소현
일러스트 : 신춘성
제작 : 김명환
홍보마케팅 : 김대현, 이경화
관리 : 윤애경

펴낸 곳 : 불광출판사
110-140 서울시 종로구 수송동 46-21 3층
대표전화 02) 420-3200 / 편집부 02) 420-3300 / 팩시밀리 02) 420-3400
홈페이지 http://www.bulkwang.co.kr

출판등록 제1-183호(1979.10.10)

ISBN 978-89-7479-225-1 03220
값 11,000원

봄바람에
피지 않는
꽃이
있으랴

《법보신문》
월간《불광》

공동기획

편집자 주

이 책은 2012년~2013년 《법보신문》에 연재되었던 「名법문 名강의」와 월간 《불광》에 연재되었던 「살아있는 명법문」 중에서 독자들에게 큰 사랑을 받았던 법문을 가려 엮은 것입니다.
일부 법문은 법문을 하신 스님들의 동의하에 축약되었으며 법문의 제목 등은 편집자가 붙인 것입니다.
편집 취지에 동의하시고 흔쾌히 법문 게재를 허락해 주신 스님들께 다시 한 번 머리 숙여 감사드립니다.

차례

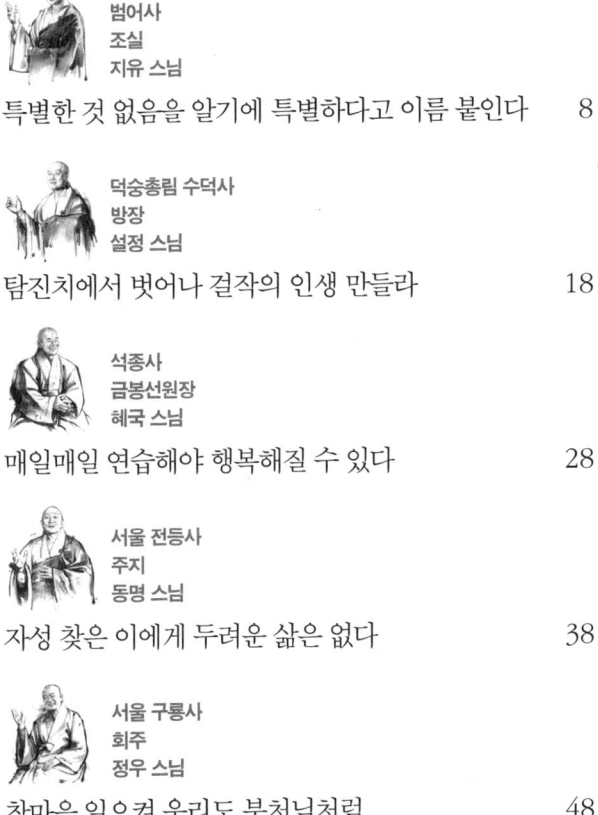

범어사
조실
지유 스님

특별한 것 없음을 알기에 특별하다고 이름 붙인다   8

덕숭총림 수덕사
방장
설정 스님

탐진치에서 벗어나 걸작의 인생 만들라   18

석종사
금봉선원장
혜국 스님

매일매일 연습해야 행복해질 수 있다   28

서울 전등사
주지
동명 스님

자성 찾은 이에게 두려운 삶은 없다   38

서울 구룡사
회주
정우 스님

참마음 일으켜 우리도 부처님처럼   48

**실상사
회주
도법 스님**

존재만으로도 가치 있음을 알 때 행복하다　　58

**검단산 각화사
주지
혜담 스님**

지혜·자비가 바로 부처, 믿음은 용기와 결단이다　68

**서울 불광사
회주
지홍 스님**

숫자에 집착하는 삶　　78

**조계종
교육원장
현응 스님**

평화와 행복의 디딤돌, 대승 정신　　88

**송광사
율학승가대학원장
도일 스님**

오직 계를 스승 삼는 냉철한 신행인 되어야　98

**범어사
주지
수불 스님**

모든 인연과 이익을 나누는 수행의 힘　　108

**대구 은적사
주지
허주 스님**

마음밭을 어떻게 갈고닦을 것인가　　118

부산 삼광사
주지
무원 스님

마음을 쉴 수 있다면 부처님과 다름없다   128

통도사 서축암
감원
우진 스님

집착하는 마음 버리면 새로운 내가 보인다   138

미황사
주지
금강 스님

새잎 돋는 나무는
지난 가을 열매를 떠올리지 않는다   148

제주 관음사
주지
성효 스님

지금 필요한 것은 '이 순간' 변화할 수 있는 삶   158

헝가리 원광사
주지
청안 스님

마음을 항상 우주처럼 거울처럼   166

울진 불영사
주지
일운 스님

순간을 놓치는 삶은 전부를 잃는 것   176

범어사
조실
지유 스님

1949년 범어사 동산 스님을 은사로 입산,
출가하고 1950년 해인사에서 상월 스님을
계사로 보살계와 구족계를 수지했다.
전국 제방 선원 및 선원이 아닌 곳에서도
수행 정진하며 운수납자의 삶을 살아왔다.
문경 봉암사와 부산 범어사
주지를 역임했다.
현재 범어사 조실로
제방 납자들을 지도하고 있다.

특별한 것
없음을 알기에
특별하다고
이름 붙인다

지유 스님

우리가 알고자 하는 불교의 참뜻은 번거로운 것이 아닙니다. 목표는 한 곳인데, 한 곳을 보고 있는 사람들이 각자 지금까지 배워 온 학문, 지식, 경전을 바탕으로 수많은 표현을 하는 것입니다. 우리는 진리다, 보리(菩提)다, 도(道)다, 열반이다, 부모미생전 본래면목(父母未生前 本來面目)이다 등등을 머릿속에 복잡하게 많이 넣고 있습니다.

　　그러나 그것은 하나의 이름일 뿐이지 실제는 아닙니다. 실제라고 하면 그것도 또 하나의 이름이 되겠지만 부득이 참모습을 표현하자니 열반, 주인공, 진리, 도라고 부를 뿐이지 이름을 붙일 것이 하나도 없습니다. 그래서 조사스님들은 '마음도 아니고, 부처도 아니고, 중생도 아니다'라는 말씀을 하셨습니다. 그러니 이것이 무엇인가 하고 사람마다 또 생각을 하게 되겠지요. 그런데 이런 말을 아무리 듣고, 경전을 읽고, 머릿속으로 이해했다 하더라도 그것은 이해일 뿐 실제 목표 하고 있는 자리에 당도한 것은 아닙니다.

　　깨달음의 자리는 따지고 들어갈 수 있는 자리가 아닙니다. 이때까지 배운 모든 학문을 버리고 몸소 체험하는 것입니다. 물에 대하여 설명을 아무리 듣고 책을 보고 이해했다 하더라도 그것이 물의 참맛이 아닌 것과 같습니다. 물의 참맛은 물이 몸에 들어와야 비로소 알 수 있습니다.

  스님들이 머릿속 복잡한 지식을 버리고 선문(禪門)에 들어서는 것을 사교입선(捨敎入禪)이라 합니다. 그러나 막상 선문에 들어서 보면 또 문자가 많습니다. 1,700 공안만 해도 그렇습니다. 공안이 그렇게 많습니다. 그러나 비록 1,700가지나 되는 공안이 있더라도 결국 그 뜻은 자기의 본래면목입니다. 자신의 본래면목을 화두를 통해 한번 깨달아 보겠다는 것입니다.

화두도 모르는 놈이 무슨 참선이냐

저는 처음 선문에 들어설 때 선이고 뭐고 아무것도 몰랐습니다. 그저 처음 경전을 접하고 공부를 하다 보니 경전의 묘한 맛을 참 많이 느꼈습니다. 초보자가 몰랐던 것을 알게 되니 진도가 나가는 것 같기도 하고 나도 불법을 제대로 알게 되는가 싶어 즐겁기도 했습니다.

  그런데 걱정이 생겼습니다. 당시에 내 나름대로의 생활 방식이 있었습니다. 나름의 공부 방법도 있었습니다. 밤 9시가 되어서 대중이 모두 잠자리에 들면 나는 자는 척하다가 사방이 다 잠들었다 싶으면 살며시 일어나 한쪽 구석에 앉아 공부를 하곤 했습니다. 그렇게 며칠 지나다 보니 처음에는 금방 지나가던 1시간이 어느 순간부터 무척 지루하게 느껴졌습니다.

공부한 글들이 머릿속에서 뱅뱅 돌았습니다. 전에는 그렇지 않았거든요. 내가 불문에 들어온 까닭은 마음 하나 깨닫기 위해서였습니다. 중생이 번뇌 망상, 산란한 마음 때문에 도를 깨닫지 못하니 모든 망상을 제거해야 도가 성취된다 싶어 경전에 의지했는데 경전을 공부하다 보니 지식은 많아져도 정작 마음은 더 산란해지고 있어 당초 제가 세운 목표와는 반대로 가는 것이었습니다. 책을 보기 전에는 염주만 돌려도 금방 1시간이 지났는데 책을 보고 난 뒤로는 그 시간이 무척 지루해졌습니다. 경전을 공부하면서 지식은 쌓여갔지만 마음은 더 혼란스러워져 선방으로 갔습니다.

그때만 해도 참선이라는 것을 말로만 들었지 뭔지도 잘 몰랐습니다. 선방에 가서 구참스님에게 용맹정진을 하겠다고 했더니 스님이 무슨 화두를 들고 있는가 물으셨습니다. 사실 그때 화두라는 말도 처음 들었습니다. 그래서 화두가 뭐냐고 되물었더니 "화두도 모르는 놈이 무슨 참선이냐." 하시는 겁니다. 그래서 화두를 가르쳐 달라고 했더니 조실스님을 뵙고 화두를 받으라 하셨습니다. 그래서 당시 조실스님이셨던 효봉 스님을 찾아가 인사를 드리고는 "내일부터 선방서 공부를 하려고 화두를 타러 왔습니다." 했습니다. 참 순진했지요.

효봉 스님의 세납이 당시 예순 정도 되셨는데, 한참 생각하시더니 "석가미륵 유시타로 타시아수(釋迦彌勒 猶是他奴 他是阿誰)" 하시며 "의심이 나지?" 하고 물으시기에 그저 고개만 끄덕거렸습니다. 그러시며 "따지고 분석하지 말고 이것이 뭣고 하고 의심하며 지극히 하다 보면 깨닫게 된다." 하셨습니다. 그 말씀을 들으니 반가웠습니다. '타(他)가 누구인고?' 하고 지극히 의심해 나가기만 하면 깨닫게 된다 하시니 깨닫기가 이렇게 쉬운가 싶었습니다.

정말 알고 싶은 것을 찾아라

그렇게 선방에 들어가 '타가 누구인고?' 하니 제법 재미도 있었습니다. 그런데 며칠 지나고 나니 별로 진척도 없는 것 같고 어떻게 해야 할지 막연했습니다. 그래 다른 사람은 어떻게 하고 있나 살펴봤는데, 전부 졸고 있는 게 아닙니까? 참 이상했습니다. 나는 졸기는커녕 공부가 안돼서 애를 먹고 있는데 졸다니……. 그분들에게는 이 공부가 참 쉬운 것 같아 보였습니다. 하지만 그런 나도 한 번씩 죽비로 맞았습니다. 나름 열심히 한다고 했지만 밖에서 보기에는 조는 것이었단 말입니다.

그런데 어떤 스님이 저를 보고는 "타가 누군고 할 때 누군고 하고 있는 놈이 뭣고 해야 한다."고 말했습니다. 듣고 보니 그럴듯

했습니다. 의심이 날 것 같았습니다. 그래서 해 보니 뭔가 좀 다르게 느껴지기도 했습니다. 그렇게 며칠 지나고 난 뒤 그 스님이 다시 "누구인고라고 하는 놈이 뭣고라고 하고 있는 그놈이 뭣고 하라."는 것입니다. 그런데 그렇게 해 보니 뭣고, 뭣고 하면서 뱅뱅 도는 게 종점이 없었습니다. 그래서 '에잇, 속았다' 싶어 다시 조실 스님께서 시키신 대로만 했습니다. 우리는 그렇게 했습니다.

열심히 하면 한 철에 깨닫는다 했습니다. 아니, 한 철도 너무 길다 했습니다. 3년이 지나면 앉아서 시간만 보내는 것이지 깨닫는 게 아닙니다. 깨닫는 건 또한 세수하다 코 만지기보다 쉽다고 했습니다. 그것이 당시에는 도저히 이해가 안됐습니다. 그건 불교의 진리를 이해하는 데 능력이 뛰어난 상근기(上根機)나 하는 일이지 싶어 그저 '타는 누군고, 누군고?'만 했습니다. 그런데 이것이 염불하는 것과 다를 바가 없었습니다. 의심이 있어야 하는데 그때는 그저 일념이 되어야 한다는 생각만 갖고 의심 없이 일념으로만 한 것입니다.

깨닫기 전에도 나 깨달은 후에도 나

계속하다 보니, 길을 걸으면서도 염주가 돌아가듯이 '타가 누구인고?'가 돌고, 밥을 먹어도 돌아가는 것입니다. 그렇게 하다 보니

'타가 누구인고?' 하고 있는 그 놈을 의심하게 됐습니다. '타가 누구인고?' 하는 것에 대해서는 의심이 없었습니다. 그것을 하고 있는 것이 무엇인지 정말 알 수가 없었습니다. 그러나 한국전쟁이 일어나 잠시 공부를 중단했다가 다시 공부를 시작하면서 '내가 정말 모르고 정말 알고 싶은 것에 생각을 두고 해야지 의심도 없는 놈을 일념으로만 하고 있다는 것은 진정한 모습이 아니다'라고 생각했습니다. 그래서 그렇게 하고 있는 놈이 누구인가를 고민하기 시작했습니다. 의심을 안 할 수가 없었으니 굳이 생각을 하지 않아도 의심이 사라지질 않았습니다.

진리라는 것, 도라고 하는 것은 사량분별로 알 수 있는 것이 아닙니다. 깨달은 사람이나 그렇지 못한 사람이나 똑같이 불성을 갖고 있지만 각자 나름의 학문과 지식이 불성을 가리고 있기 때문입니다. 사량분별이 떨어지기 전에는 머리로 아는 이해지 깨달음이 아닙니다. 진리는 말이 아니고 생각으로 들어가도 없는 언어도단입니다. 사량분별이 끊어진 자리에서 자기를 발견하는 것입니다.

옛 스님이 어느 선사에게 "선사께서 깨친 것이 무엇입니까?" 하고 물으니 선사는 "지금 이 자리의 나"라고 했습니다. 지나간 과거도 아니요, 미래의 성불을 기다리는 것도 아니라 지금 이 자리에 내가 숨 쉬고 있음을 알았다는 것입니다.

『금강경』에서도 "여래란 어떤 특별한 것이 없다는 그것이 특별한 것"이라 했습니다. "특별한 것이 있고 없는 그 양면에서 여래를 보라." 했습니다. "도를 얻고도 얻은 것이 없으니 도를 얻었다고 한다."고 했습니다. 일반적인 상식으로는 도통 말이 안 되는 것처럼 보이겠지요.

그러나 자성을 요달하면 이것이 이치에 부합한다는 걸 깨닫게 됩니다. 흔히 무엇을 얻었다고 하면 없던 것이 새로 생겼다고 생각하지만, 사실 생긴 것은 없습니다. 그것에 이름을 붙여 얻은 것이라고 했습니다. 『반야심경』에서도 "깨달았다는 지혜도 없고 또한 얻을 것도 없다."고 했습니다. 선사가 "지금 이 자리의 나"라고 한 것도 같은 연유에서 입니다. 깨닫기 전에도 나였지만 깨닫고 나서도 나입니다. 나를 두고 새로운 자기를 구하려는 환상에 사로 잡혀 있었는데 그것을 날려 버리니, 진리 또는 도라는 이름이 도망가고 흔적도 없어 지금 참된 자리의 나를 보는 눈이 뜨이는 것입니다. 특별한 것 없는 그것이 보통 사람과 다르기에 특별한 것이라 이름 짓는다 했습니다.

자꾸 세월이 흘러가니 시간을 아껴 수행하시기 바랍니다.

덕숭총림 수덕사
방장
설정 스님

원담 스님을 은사로 출가해 1955년
수덕사에서 혜원 스님을 계사로 사미계를,
1961년 범어사에서 동산 스님을 계사로
구족계를 수지했다. 1955년 정혜사에서
수선안거 이래 봉암사선원 등 제방 선원에서
25안거 참선 수행을 했다. 수덕사 주지,
대한불교조계종 개혁회의 법제 위원장,
대한불교조계종 제11대 중앙종회의장 등을
역임했다. 지난 2009년 덕숭총림 수덕사
방장에 추대돼 후학들을 지도해 오고 있다.

탐진치에서
벗어나
걸작의
인생 만들라

설정 스님

인생을 흔히 예술 작품에 비유합니다. 누구나 주어진 시간과 공간 속에서 자신의 열정과 의지, 지혜를 모두 쏟아부어 예술품을 만들어 갑니다. 그 과정에서 어떤 사람은 걸작을 만들어 많은 사람에게 감동과 희망, 용기를 주기도 합니다. 그런데 똑같은 생을 살아가면서 어떤 사람은 졸작을 만들어서 자신도 불행해지고 남도 어렵게 만드는 경우가 종종 있습니다. 그럼 인생을 살아가면서 걸작을 만들 것인지, 아니면 졸작을 만들 것인지는 누가 결정할까요? 그것은 바로 자기 자신에게 달려 있습니다.

부처님께서는 이 사바세계를 고(苦)의 세계라고 말씀하셨습니다. 우리가 살아가는 인생이 삼재(三災)와 팔난(八難)이 계속되는 고통의 연속이기 때문입니다. 늘 삼재와 팔난이라는 위협이 존재하는데도 껍데기에만 매달려서 우왕좌왕하며 고통의 그늘에서 벗어나지 못하고 있습니다. 그러니 어리석은 중생이라고 하는 겁니다. '나'라는 것이 누구인지를 모르고 어리석은 행위를 하고 안 좋은 환경 속에서 스스로 힘들게 살아가는 게 중생입니다.

우리의 생에는 크게 두 가지가 있습니다. 하나는 욕생(欲生)이고, 다른 하나는 원생(願生)입니다. 욕생은 이 사바세계에 태어난 중생들이 살아가는 방식입니다. 자기가 이 세상에 어떻게 나왔는지, 또 어디로 가는지 모르고 그냥 자기 업대로 살아갑니다. 그래서 다른 말로 업생(業生)이라고도 합니다.

이에 반해 원생은 자기의 의지대로 살아가는 겁니다. 분명한 원을 가지고 태어나기 때문에 날 때도 울지 않고, 인생을 살아가면서 전혀 고통을 느끼지 않습니다. 중생을 위한 삶을 살아가기 때문에 따로 근심 걱정도 없습니다. 걱정이 있다면 오직 중생을 더 즐겁게 해 주지 못하고 편안케 하지 못하는 것뿐입니다.

욕생은 늘 고통이 따릅니다. '나'를 모르기 때문에 늘 괴로움이 뒤따를 수밖에 없습니다. 이런 욕생을 사는 사람은 '탐(貪)·진(瞋)·치(癡)·만(慢)·의(疑)'라는 다섯 가지 잘못된 생각에 사로잡혀 자기 삶을 운영해 갑니다. 늘 탐욕스럽고, 화내고, 어리석고, 오만하고, 의심하는 마음으로 살아가기 때문에 그 사람의 삶은 불행하고 자기 뜻대로 되지 않는 것입니다. 어느 곳을 가든지 항상 원망하고, 미워하고, 질투하고, 시비하는 마음이 일어 늘 안 좋은 쪽으로 몰고 가는 것입니다.

염불이든 주력이든 참선이든, 무엇이든 열심히 해 보자

그런데 부처님께서는 모든 생명은 본래 지혜롭고, 너그럽고, 자비롭고, 원만하고, 모든 공덕으로 이미 다 갖춰져 있다고 했습니다. 그럼 왜 이처럼 어리석은 중생으로 살아가는 것일까요. 그것은 스스로 '탐·진·치·만·의'로 가려 우리 안에 이미 있는 수많은 보물을 천만 분의 일도 꺼내 보이지 못하고 살기 때문입니다. 부처님께서는 이런 중생들에게 자기 자신 안에 본래 있는 보물들을 꺼내 쓰라고 강조하셨습니다. 진리라는 것이 밖에 있는 것이 아니라 바로 자기 안에 있다는 것이고, 그것을 꺼내 쓰도록 가르침을 주신 것입니다. 그 방법을 말씀하신 게 바로 팔만대장경입니다.

업생으로 고통받고 괴로워하며, 어떻게 태어나서 죽을지도 모르고, 그냥 업대로 시간을 소모하다 죽을 것입니까. 아니면 자신에게 있는 무한한 보배, 무한한 진리를 꺼내서 자유자재로 쓰면서 영원히 업생의 윤회를 끊어 버리고 영원한 생명을 누리면서 대자유, 대무애, 대평화, 대광명을 누리면서 살 것입니까. 여러분은 어떤 삶을 살겠습니까. 부처님은 이런 삶을 살 수 있는 방법을 가르쳐 주셨습니다. 염불과 주력, 참선을 하라는 것도 결국 자신 안에 있는 무한한 보물을 꺼내서 사용하는 방법을 말한 것입니다.

그런데 중생은 어리석게도 좋은 것이 있다고 해도 믿지를 않고, 또 그걸 꺼내서 쓸 생각도 하지 않습니다. 하지만 그 보물을 꺼내 쓰는 방법은 복잡하지도 않고 간단합니다. 그러니 지금 이 순간부터 염불이든 주력이든 참선이든, 무엇이든 열심히 해 보세요. 염불과 주력, 참선은 모두 자기 마음을 맑히는 것입니다. 자기 마음에 있는 분별과 망상, 탐·진·치·만·의를 모두 없애고, 번뇌가 가라앉게 되면 자기 자신 안에 있던 보물이 떠오르게 되어 있습니다. 그것이 나오는 순간, 여러분은 영원한 자유를 얻게 됩니다. 영원한 나를 느낄 수 있고, 자유자재로 자신이 원하는 삶을 살 수 있는 것입니다.

지금 이 순간 극락을 만드는 간단한 방법

나이를 먹으면 쉽게 포기하고 망상도 많아집니다. 죽은 뒤에 대한 걱정을 하지요. 그러나 자동차도 오래 타면 폐차를 하고 집도 오래되면 허물고 새집을 짓는 것처럼, 우리 육신도 언젠가는 버려야 하고 놓아야 합니다. 육신을 놓아 버리는 것에 당당해야 합니다. 그러기 위해서는 지금부터 그 준비를 해 나가야 합니다. 늙어서 원망하고 의심해 봐야 자기 생에는 전혀 도움이 안 됩니다.

그런 생각을 버리고 공부를 하세요. 자기 마음에 있는 무한한 보배를 지금부터 꺼내 쓰는 연습을 해야 합니다. 누가 됐든 늘 좋은 생각으로 대하고, 설사 싫어하고 미워하는 사람이 있더라도 끌어안고 보듬어야 합니다. 늘 모든 생명에게 감사하고 고마운 생각을 갖고, 다른 생명을 편안하게 즐겁게 해 주고, 혹 도와줄 것은 없는지 살피며 살아야 합니다.

이런 마음이 점점 쌓이면 자신도 모르게 번뇌 망상이 줄어들고, 원망하거나 미워하는 생각이 없어져 결국 넓어지고 당당해집니다. 그런 바탕에서 환희심이 일어납니다. 자신에게 복이 되고 덕이 되는 것입니다. 환희심은 지혜가 일어나는 출발점이 되기도 합니다.

마음속에서 일어나는 섭섭한 생각이나 미워하고 의심하는 생각들은 모두 쓰레기입니다. 이런 쓰레기들을 몸속에서 털어 내야 합니다. 죽은 이후 극락과 천국을 생각하지 마세요. 지금 이 순간부터 여러분이 극락과 천국을 만들어 보세요. 방법은 간단합니다. 자기 마음속에 있는 삿된 쓰레기들을 모두 내려놓아 마음을 깨끗하게 하고 아름답게 하는 것입니다.

한번 해 보세요. 연습을 해서 그런 마음을 갖게 되면 그때부터 좋은 기운이 피어나게 됩니다. 우리가 흔히 '마음을 밝힌다', '마음을 드러낸다', '견성을 한다'고 하는 것들은 다른 것이 아닙니다. 마음속에 있는 쓰레기들을 놓아 버리는 것입니다. 아무리 공부를 하고 염불을 하고 주력을 한다고 해도, 그 쓰레기들을 마음속에 끌어안고 있으면 절대 공부가 될 수 없습니다. 밭을 고르게 갈고 좋은 씨를 뿌려야 결실을 볼 수 있듯, 인생의 걸작을 만들려면 마음속에 있는 잡초와 못된 벌레들을 걷어 내고 잘 골라야 합니다. 그렇지 않고 지금까지 살아온 대로 의심하고 시기 질투하고 섭섭해하는 그 생각 그대로 살아가면 결국 졸작밖에 나올 수가 없습니다.

어떤 사람도 그걸 원하지 않을 겁니다. 그러니 지금부터 인생의 걸작을 만들어 내기 위해 노력해 봅시다. 어려운 일이 아닙니다. 마음속에 있는 '탐·진·치·만·의'를 없애기만 하면 됩니다. 염불이건 주력이건 참선이건, 어떤 것이라도 꾸준하게 하면 얼마 되지 않아서 금방 환희심을 느끼게 될 것입니다. '아! 인생 살 만하구나.' 이런 기쁨을 맛보게 될 것입니다.

그런 환희심을 느끼는 데는 나이가 많고 적음이 중요하지 않습니다. 아무리 나이가 많아도 이런 생각으로 살면 그 사람은 기쁨과 용기, 자신감으로 삶을 마감할 수 있습니다. 그러나 젊은 사람이라도 이런 생각이 없으면 항상 따분하고 절망스럽고 비관적인 삶을 살게 됩니다.

마음이 청정한 사람은 어딜 가든지 극락

이왕 삶을 사는 거 왜 실패한 삶을 삽니까? 마음이 청정한 사람은 어딜 가든지 극락입니다. 처처안락국(處處安樂國)이라고 했습니다. 지금 있는 그 자리가 극락과 천당인 것입니다. 그러니 죽어서 확신도 없는 극락과 천당을 기대하지 마시고 지금부터 만들어 가세요.

경허 선사는 어느 날 이런 게송을 하셨습니다.

세여청산하자시(世與靑山何者是)
춘성무처불개화(春城無處不開花)
오욕에 물들어 사는 사람과
세상을 버리고 공부하는 사람이 있는데
어느 것이 진리이겠습니까.
봄바람에 꽃피지 않는 곳이 없더라.

마음이 청정하고 자기를 발견해서 자신이 가지고 있는 보배를 드러낸 사람은 세속이니 안식이니 하는 것에 아무런 상관이 없습니다. 그 경계에서는 일체가 환하기 때문입니다. 이미 그 자리는 용기의 땅이요, 광명의 땅이요, 자유의 땅인 것입니다.

그러니 오늘 이 순간부터 마음에 있는 오물을 모두 버리고 모든 생명에게 '어떻게 하면 기쁨과 희망과 편안함을 줄 것인가?'라는 일념으로 주력이든 참선이든 염불이든 꼭 한번 해 보는 겁니다. 그래서 내 마음에 있는 그 수많은 보물을 찾아내서 영원토록 사랑을 하고 모든 생명에게 희망과 용기를 나눠 주는 겁니다. 굳은 의지와 신념을 갖고 공부를 하면 얼마 가지 않아 환희심이 생겨날 겁니다. 한번 해 보세요. 진짜 좋은 길이 있을 겁니다.

석종사
금봉선원장
혜국 스님

1961년 해인사로 출가, 일타 스님을 은사로 득도했다. 1969년 석암 스님을 계사로 구족계를 수지하고 1970년 22세에 성불을 다짐하며 오른손 손가락 3개를 연비했다. 이후 태백산 도솔암에서 2년 7개월 동안 생식 및 장좌불와 정진을 했다. 경봉 스님, 성철 스님, 구산 스님 회상에서 수행 정진하고 해인사, 송광사, 봉암사, 칠불사, 수도암 등 제방 선원에서 수십 안거를 성만했다. 1994년 제주도에 남국선원을 개원하고 1997년 부산에 홍제사를 창건했다. 2004년 충주에 석종사를 창건하고 현재 석종사 금봉선원장으로 주석하며 수행 납자와 재가 수행자들을 깨달음의 길로 이끌고 있다.

매일매일
연습해야
행복해질 수 있다

혜국 스님

어렵고 힘들었던 일이라도
몇십 년 지나 돌아보면 추억
이 순간이 행복임을 알아야

내 자리가 부처인 줄 모르고
생사 감정 끌려 다니는 것이
가장 억울하고 어리석은 일

어렵고 힘들었던 일이라도
몇십 년 지나 돌아보면 추억
이 순간이 행복임을 알아야

내 자리가 부처인 줄 모르고
생사 감정 끌려 다니는 것이
가장 억울하고 어리석은 일

『화엄경』에서 선재동자는 문수보살이라고 하는 큰 스승을 만나 가르침을 받습니다. 우리가 한평생 살아가는 동안 화를 내면서도 화가 내 안 어디에 있는지 모르고, 슬퍼하면서도 슬픔이 어디에 있는지 모르고, 더 나아가 내가 어디서 왔는지도 모르고, 죽을 때 어디로 가는지도 모르는 이유는 내가 내 마음을 배신하고 내 번뇌 망상과 감정이 하자는 대로 끌려가며 감정의 노예 노릇을 한 까닭입니다.

그렇다면 앞으로도 이렇게 감정이 하자는 대로 감정의 노예가 되어서 살 것인가, 나고 죽는 감정이라는 죄업을 평생 짊어지고 다닐 생각입니까? 그렇지 않고 언젠가 그 감정을 이겨낼 생각이라면 지금, 바로 인간으로 태어난 이때가 마음 공부하기 더없이 좋을 때입니다. 선재동자는 문수보살에게 마음 공부하는 사람으로서 어떤 길을 걸어가야 하고 어떤 스승을 찾아야 하는가를 묻고 문수보살은 선재를 공덕원 비구에게 보냅니다.

인간으로 태어나서 스승을 찾는 것은 참 아름다운 일입니다. 비록 경전으로라도 스승을 찾고 만나 인생이 무엇인지, 내 마음이 무엇인지, 내 성질 머리를 고쳐 감정에서 벗어나려면 어떤 길을 가야 하는지에 대한 대답을 들을 수 있다면 이것 또한 참으로 아름다운 일입니다. 오늘 여러분께 공덕원 비구께서 하신 말씀을 전하고자 합니다. 오늘은 여러분과 저 모두가 선재동자입니다.

감정 흐름에 휘둘리면 안 돼

나는 누구인가. 감정이 하자는 대로 하는 것은 너무 억울합니다. 남들에게 돈을 사기당하거나 억울한 말을 듣는 것이 억울한 일이 아닙니다. 내가 어디로 가고 있는지, 죽으면 어디로 가는지 모르는 게 바로 억울한 일입니다. 또 내 성질이 하자는 대로 끌려 다니며 살다가 죽는 게 억울한 일입니다. 그래서 선재동자가 공덕원 비구에게 "무상의 진리를 이루고자 마음을 일으킨 사람은 어떻게 인생을 살아야 하고 어떻게 보살의 길을 닦아 나가야 합니까?"라고 물었습니다. 이러한 질문을 받은 스승도 대단히 기분이 좋았을 것입니다.

예전에 성철 큰스님 생전에 스님을 뵙겠다고 찾아가는 사람들이 많았습니다. 스님은 누가 왔다고 하면 시자에게 '뭐 때문에 왔는지를 물어보라'고 시켰습니다. 그래서 그냥 '큰스님 뵈러 왔습니다' 하면 '나 만날 일 없다. 삼천 배나 하고 가라'고 하셨습니다. 그런데 반대로 공부를 물으러 가면 두말없이 '어서 들어오라'고 하셨습니다.

그런데 요즘 찾아오는 사람들은 "변소를 어디로 옮길까요?", "사윗감은 누가 좋을까요?" 심지어는 "우리 집 개가 집을 나갔는데 어디로 갔을까요?"를 묻습니다. 그런데 이 공덕원 비구를 찾아간 선재가 이렇게 기특한 질문을 한 것입니다.

여러분 한번 돌아보세요. 어렸을 때는 친구들과 구슬치기하다가 구슬을 잃으면 울었습니다. 고무줄놀이를 하다가 장난꾸러기들이 고무줄 끊고 도망가면 울곤 했습니다. 그런데 지금도 그렇습니까? 지금 돌이켜 보면 '아, 그때가 좋았다'고 합니다. 마찬가지입니다. 여러분이 지금 당하고 있는 억울한 일, 어려운 일이 먼 훗날 돌아보면 억울하거나 어려울 것도 없는 일입니다. 옛일이 지금도 억울하고 어렵다면 그 사람은 여전히 그 일에 얽매여 있기 때문입니다. 세월이 지나고 늙어서 치매에 걸리고 노망이라도 나면 그런 일 당하려고 해도 당해지지 않습니다. 그렇다면 몇십 년 있다가 비로소 그것을 추억으로 만들지 말고, 벌어지는 바로 그 자리에서 그 일을 해결하라는 것이 공덕원 비구의 대답입니다.

그런데 그것이 참 어렵다고 합니다. 왜일까요? 슬퍼하는 그 시간이 화두 자리요, 부처 자리임을 알면 그 순간이 바로 가장 즐거운 시간, 아름다운 추억의 시간임을 알 수 있습니다. 그런데 감정을 따라가느라 슬픔에 빠지고 괴로움에 빠지는 중생들에게 그 자리가 부처 자리임을 알려 주는 것이 어려운 것입니다. 생사 중에 있으니 어려운 것입니다. 생사 중에서 생사를 해탈하라는 말을 해야 하니 어려운 것입니다. 어머니 뱃속에서 태어나고 살다가 눈감아 죽는 것이 생사가 아닙니다. 여러분 마음속에서 생각이 일어나면 태어나는 것이요, 생각이 사라지면 죽는 것입니다. 여러분 안에서 나고 죽고 나고 죽고 하는 생사, 그것을 해결할 방법을 찾아야 합니다.

　그런데 대부분의 사람들은 어떻습니까? 오늘 일어나는 일을 오늘 해결하겠다는 사람이 없습니다. 지금 당장이 아니라 돈 좀 벌어 놓고, 뭐 좀 이뤄 놓고 나중에 하겠다고 합니다. 이러면 이루지 못합니다. 바로 지금 이 자리에서 해결할 수 있어야 합니다. 본체에서 받아들일 수 있으면 인생에 해결하지 못할 문제가 아무것도 없습니다.

수행, 부처 닮아 가는 행복한 길

제가 이 공부를 할 때는 공부가 왜 이렇게 안 되는가 싶어 날마다 억울하고 속상해 열을 냈습니다. 그런데 지금 와서 생각해 보면 과거 전생부터 남을 미워하고 상처 주고 상처받고 했던 모든 잠재의식을 이 세상에 가져왔으니 그 번뇌 망상이라는 잠재의식을 날마다 덜어내는 것 그 자체가 행복한 일이라는 것을 그때는 몰랐습니다. 그날그날 그 망상 속에서 공부하려는 그 자체가 즐겁고 행복한 시간인데 빨리 깨달으려는 마음만 있었습니다. 지금 이 시간에서 행복하려는 것이 아니라, 지금 이 몸에서 행복을 연습하려는 것이 아니라, 뭔가 이루어 놓은 다음에, 뭔가 만들어 놓은 다음에 행복해지고자 했던 것입니다. 지금 이 자리에서 행복하지 못한 사람은 내일도, 다음에도 행복하지 못합니다. 오늘 행복해야 합니다.

기도도 그렇습니다. 기도하는 이 순간 자체가 행복이고, 행복도 연습이 되어야 합니다. 내가 아들 때문에 기도하고, 딸 때문에 기도하느라 힘들다, 이런 마음이 있다면 기도하는 시간이 행복을 만드는 시간이 아니라 원망을 만드는 시간이 되는 겁니다. 그래도 안 하는 것보다야 낫겠지만 내가 행복하지 못한데 누가 행복해질 수 있겠습니까?

저도 태백산에서 기도하고 공부할 때 힘들어서 매일 울었습니다. 정견이 서 있지 않은 까닭이었습니다. 하지만 안 되는 그 자리, 그 자체에서 행복하다는 것을 알아야 합니다. 생사 속에 서 있으니 안 되고 괴로운 것은 당연한 일입니다. 안 되는 그 자리에서 그 자체가 행복인 줄 알아야 합니다.

여러분, 오늘이 행복해야 합니다. 컴퓨터를 배우려면 컴퓨터를 연습해야 하고 골프를 치려면 골프 연습을 해야 하듯이 행복도 날마다 자기 자신을 돌아보고 연습해야 합니다. 내 안에 원망하는 마음, 미워하는 마음을 화두로 바꿔야 합니다. 연습하고 만들어 나갈 때 행복해집니다. 연습하지 않은 행복이 어느 날 갑자기 올 수는 없습니다.

허공은 어떤 감정에도 흔들리지 않고 상처도 입지 않고 아파하지도 않습니다. 그것을 아는 것이 힘든 일이니 그것을 믿는 것이 오늘 할 일입니다.

일체중생을 위해 보리심 내기란 쉽지 않습니다. 여러분은 가족을 위해 얼마나 양보하고 있습니까? 즉 보리심을 내고 있습니까? 더 나아가 내 번뇌 망상을 얼마나 다스리고 있습니까? 즉 자신의 못된 성질을 사랑하고 있습니까? 내 못된 성질을 사랑해야만 중생을 사랑할 수 있습니다. 요 못된 성질을 위해서 절을 해 주고 기도를 해 주고 수행을 해 줘야 합니다. 이것이 업을 부처로 만드는 시간입니다. 여러분 마음에 싹이 트고 행복의 씨앗이 되서 마침내 그 보리심으로 성불하시기 바랍니다.

서울 전등사
주지
동명 스님

1964년 해안 스님을 은사로 출가했다. 내소사에서 사미계를, 통도사에서 구족계를 수지했다. 1975년 해인 강원을, 1987년 동국대 불교학과 대학원을 졸업했다. 부안 내소사 주지와 대한불교조계종 중앙종회의원, 서울 개운사 주지 등을 역임했다. 해인사, 통도사, 백양사 등 제방 선원에서 참선 정진했고, 성북동 전등사에 재가 불자들을 위한 전등 선원을 열고 수많은 재가 불자를 수행으로 이끌고 있다.

자성 찾은 이에게
두려운
삶은 없다

동명 스님

석가모니 부처님이
저잣거리 나선 뜻은
방편 사용해서라도
중생 이끌려는 자비

본래 청정 구족하기에
부처·중생이란 이름도
너절한 군더더기일 뿐

불교의 궁극 목표를 한마디로 말씀드리면 무명이라는 도적을 죽여 법신불을 나타내는 데 있다 하겠습니다. 여러분은 지금 기도를 하면서 지장보살님을 부르고 관세음보살님을 불렀습니다. 관세음보살님은 우리가 우리의 본심을 알게 하는 데 가장 공로가 많으신 분입니다. 관세음보살님이 안 계셨다면 우리는 과연 어디서 원력을 얻을 수 있었을까 싶습니다.

여러분도 잘 아시겠지만 관세음보살님은 그 모습이나 나투는 방법에 따라 각기 달리 불립니다.

가장 대표적인 것 가운데 하나가 열한 개의 얼굴을 보관에 새기고 있는 십일면(十一面) 관세음보살입니다. 또 중생을 교화하려는 부처님이 중생과 같은 몸으로 나타내 보이는 모습이 서른두 가지라 관세음보살님이라는 칭호 앞에 삼십이응신(三十二應身)을 붙이기도 합니다. 그리고 천수천안(千手千眼) 관세음보살이라는 이름에는 천 개의 손과 천 개의 눈을 갖고 계시다는 뜻이 들어 있습니다.

여기 앉아 계신 여러분의 모습이 각각 다릅니다. 그렇듯 마음도 다르고 원력도 다르고 생각도 다릅니다. 그러니 이처럼 각기 다른 중생을 제도하기 위해 관세음보살께서는 그렇게 많은 화신을 나타낼 수밖에 없는 것입니다.

대부분의 불자는 가정과 식구에게 좋은 일이 많이 생기길 바라며 절에 오셨을 것입니다. 기도를 하고 공덕을 쌓으면 소원이 이뤄진다 하여 절에 오셨을 수도 있습니다. 그 소원과 바람을 관세음보살님이 들어 주시니, 관세음보살님이 안 계셨다면 아마 여러분이 불교와 인연 맺지 못했을 수도 있습니다.

고마운 거짓말쟁이 부처님

그런데 일천 가지 부처님에게 공양 올리는 공덕이, 닦을 것도 증득할 것도 없는 이에게 공양 올리는 것만 못하다는 말씀이 있습니다. 왜 이런 말씀이 있을까요. 여러분만 해도 전등사와 인연을 맺어 얼마나 많은 불사를 하셨습니까. 여러분의 손으로 법당을 짓고 사찰 주변을 정리해서 도량을 만들었습니다. 다 무엇 때문이었습니까? 공덕을 쌓기 위해서였습니다. 공덕을 쌓기 위해 불사에 동참했고 모든 부처님께 공양을 올렸습니다. 그리고 관세음보살님을 열심히 부르며 기도했습니다. 그런데 이런 공덕이 닦지도 않고 증득하지도 않은 사람에게 공양 올린 것만 못하다니요. 이것이 무슨 뜻일까요? 의심해 보셨습니까?

닦을 것도 증득할 것도 없는 이가 누구겠습니까. 그것은 다름 아닌 우리의 자성, 본성입니다. 여러분이 갖고 있는 본래면목입니다. 자성은 너무나 청정해서 부처니 중생이니 공덕이니 하는 이름을 붙일 것이 없다는 뜻입니다. 우리의 본심은 그야말로 깨끗해서 부처라는 이름도 그저 너절너절한 이야기일 뿐입니다. 깨끗한 본심 어디에 중생이 있고 어디에 부처가 있겠습니까.

관세음보살님께서는 일평생 방편을 쓰셔서 중생이 본심을 알도록, 중생을 본심으로 이끌도록 노력하셨습니다. 방편이 아니면 안 되었기 때문입니다. 원력이 아니면 도저히 있을 수 없는 일입니다. 관세음보살님뿐 아니라 석가모니 부처님께서도 일평생 거짓말을 하셨습니다. 부처님이 거짓말을 하셨다는 말에 여러분은 크게 놀랄지도 모르겠습니다.

부처님께서 일평생 거짓말을 하셨다는 말은, 우리의 본심에 비추어 보면 그렇다는 뜻입니다. 남을 이끌기 위해서라면 거짓말을 해야 할 때도 있고, 말을 많이 하다 보면 거짓말을 해야 할 때도 있습니다. 또 많은 말 속에는 나쁜 말이 끼어 있기도 하고 실수하는 말도 있기 마련입니다. 그러니 진실한 말은 말이 없다고 하는 것입니다.

부처님께서는 성도하신 후 45년 동안 수많은 말씀을 하셨습니다. 사람마다 마음 쓰는 것이 다르고, 생각도 다르고, 행동하는 것이 다르기 때문입니다. 그런 사람들을 모두 본심으로 이끌려다 보니 방편도 쓰시게 된 것입니다. 부처님께서 방편까지 사용하신 이유를 절실히 생각해 보면 고마움을 느끼지 않을 수 없습니다. 본심이 무엇인지, 우리가 본심을 알고 사는 것이 왜 중요한지를 깨닫게 된다면 부처님께 참으로 감사하는 마음이 깊어집니다.

부처님께서 뿔을 이고, 털을 쓰고 저잣거리로 들어오신 뜻을 알아야 합니다. 만약 절에 다녀서 소나 돼지로 태어난다면 절에 올 사람이 하나도 없겠죠. 그런데 부처님께서는 일평생 스스로 속세에서 소가 되고 말이 되는 것을 마다하지 않으셨습니다. 소가 돼야 소를 제도하고, 돼지가 돼야 돼지를 제도하기 때문입니다. 도둑놈을 제도하려면 도둑이 돼야 하고, 감옥에 있는 사람을 제도하려면 감옥에 들어가야 합니다.

인생, 누구에게도 맡길 수 없다

여러분이 모든 것을 본심에 비추어 본다면 해결 안 되는 일이 없습니다. 요즘 정치인들은 어디를 가든 무슨 무슨 일을 반드시 해결하겠다며 약속도 잘하던데, 그들은 해결 못해 줍니다. 대통령이 부자로 살게 해 주겠다고, 경제 좋아지게 하겠다고 해서 한 표씩 찍어 주지 않았습니까. 그런데 지금 여러분 부자로 살고 계십니까? 대통령이 해결해 주었습니까? 모든 것은 자기가 해결해야 합니다. 누구에게도 맡길 수 없습니다. 자기가 깨달아야 합니다. 깨닫는다는 것은 마음을 바꾼다는 것, 내 본심이 이처럼 청정하고 훌륭한 것임을 알게 되는 것입니다.

여러분이 가장 노력해야 할 것은 바로 여러분이 각자 갖고 있는 자성, 본심, 마음을 아는 것입니다. 불교 교리는 그것을 이렇게 저렇게 이름 지은 것일 뿐입니다. 여러분 스스로가 그것을 깨달아야 합니다. 느껴야 합니다. 제 은사이신 해안 스님께서는 그것을 느낀 다음부터 거기에서 밥을 먹고, 거기에서 잠을 자고, 거기에서 생활을 하고, 거기에 비추어 사람을 만나고 그러셨습니다.

그런데 여러분, 관세음보살님처럼 하나의 몸을 만 개로 만든다는 것, 나툰다는 것이 가능할까요? 여러분께서는 몸 하나를 갖고 만 개를 만드실 수 있겠습니까?

그래서 등을 켭니다. 등은 하나가 있어도 한 빛이고 두 개가 있어도 한 빛이고 천 개가 있어도 한 빛입니다. 빛은 결코 옆의 빛을 방해하지 않습니다. 그래서 전등사에서는 등불로써 등불을 켠다는 말씀을 자주 드립니다. 본심을 알지 못하는 것이 무명인데, 이 무명을 없애는 데는 밝은 등불이 으뜸입니다. 등불이란 무엇입니까? 밝은 지혜입니다. 밝은 지혜라는 것도 역시 이름일 뿐이지요. 이름이 지혜이고 부처이고 중생일 뿐이지 목적은 하나, 나에게 있는 본심을 아는 것입니다. 어두운 세상을 밝히는 것입니다. 어둠을 몰아내서 실수하지 않는 것입니다. 현대인들은 자신의 마음을 알지 못하기 때문에 우울증에 걸리곤 합니다. 본심을 살피지 않아서입니다. 본심을 알면 아무리 어두운 곳에 있어도 환합니다.

여러분이 행하는 만 가지 불사 역시 모두 본심을 알기 위해서입니다. 부처님이 가르쳐 주신 본성을 알기 위해 공덕을 심는 것입니다. 그래서 불교에서는 모든 불사를 공화(空華)라고 합니다. 텅 빈 꽃, 허공의 꽃이라는 뜻입니다. 허공에 핀 꽃처럼 가늠할 수도 측량할 수도 없고, 크다고 좋을 것도, 넓다고 좋을 것도, 화려하다고 좋을 것도 없습니다. 그런데도 공화가 필요한 것은 그러한 방편을 통해 법을 접하고 공덕을 심고 궁극에는 내 마음, 자성을 깨닫는 길로 나아갈 수 있기 때문입니다.

쇠로 된 소는 사자가 아무리 큰 소리로 울어도 놀라지 않습니다. 이처럼 본성을 꿰뚫어 알면, 깨달으면 두려울 것이 없습니다. 우리는 많은 두려움 속에서 살아갑니다. 병에 걸리지 않을까,

자식에게 나쁜 일이 생기지 않을까 늘 걱정합니다. 하지만 부처님 가르침으로 무명을 물리치고, 어두운 생각을 버리고, 모든 것을 자성에 비춰서 생활한다면 어려움이 없을 것입니다.

보리를 이루지 못할까 걱정하지 말고 보리를 얻기 위해 노력해야 합니다. 불교는 냉철합니다. 자성을 아는 데는 털끝만큼도 거짓이 없습니다. 부처님께서는 거짓말하지 않으셨습니다. 거짓말을 하시고 난 다음에 한 마디도 거짓말 안 하셨습니다. 그 뜻을 늘 헤아리고 수행 정진하여 모두가 자성을 찾으시기 바랍니다.

서울 구룡사
회주
정우 스님

1965년 출가해 1968년 통도사에서 홍법
스님을 은사로 사미계를 수지했다.
현재 통도사 서울 포교당 구룡사
회주이며 서울 강남지역 사암연합회 회장,
홍법문화재단 이사장, 국제보건 의료재단
이사를 맡고 있다. 스님은 특히 구룡사,
여래사, 원각사 등 국내외 20여 개의
포교당을 창건해
대중 포교에 진력하고 있다.

참마음 일으켜
우리도
부처님처럼

정우 스님

산과 들에는 꽃이 많이 피었습니다.
벌써 꽃망울을 터트린 뒤 지는 꽃도 있고,
이제 막 꽃대를 올리고 있는 꽃도 있습니다.
그 꽃을 바라보면서 불현듯 이런 마음이 들었습니다.
"아무리 좋은 사람이 우리에게 다가와서
큰 사랑과 자비심으로 마음을 두드려도
받아들이는 이의 마음이 굳게 닫혀 있으면
소용이 없겠구나."
꽃이 아무리 예쁘게 꽃망울을 터트리고
봐 달라고 해도 바라보는 이의 마음이 번거로우면,
꽃이 꽃으로 보이지 않을 것입니다.
스스로의 그 마음을 먼저 가지는 것이
우선되어야 하기 때문입니다.

다시 생각해 보는 우리 시대의 '선지식'

인류의 영원한 스승이신 석가모니 부처님께서 사바세계의 중생을 구제하기 위해 몸을 나투신 사월 초파일이 다가오고 있습니다. 이때가 되면 사찰에서는 부처님께 공양 올릴 연등을 만들면서 부처님오신날까지 하루하루를 설레는 마음으로 보냅니다.

그것은 석가모니 부처님께서 한 인간으로 이 땅에 오신 게 아니라 인류에게 자비와 평등의 세상을 보여 주시기 위해 이 땅에 몸을 나투신 거룩한 성자이기 때문일 것입니다.

그러한 설렘과 희망으로 부처님오신날을 준비하고 있는 모든 불자와 함께 어떻게 살아가는 것이 부처님 가르침대로 사는 모습일까를 생각해 보고자 합니다. "불자들이여, 선지식(善知識)이라 함은 부처님과 보살(菩薩)과 벽지불(辟支佛)과 성문(聲聞)과 부처님의 가르침을 믿는 사람들이니라. 어찌해서 선지식이라 하는가. 선지식은 중생들을 교화(敎化)하여 열 가지 나쁜 짓을 여의고 열 가지 선업을 닦게 하나니, 이런 뜻으로 선지식이라 하느니라."

부처님께서는 『대반열반경(大般涅槃經)』 「광명변조고귀덕왕보살품(光明遍照高貴德王菩薩品)」에서 선지식을 '스스로 십악업(十惡業)을 짓지 아니하고 십선업(十善業)을 닦으며 법대로 말하고 말한 대로 행하는 이'라고 했습니다. 여기서 십악업이라는 것은 신(身)·구(口)·의(意)·삼업(三業)으로 짓는 일들을 말합니다. 즉 몸으로 짓는 업인 살생(殺生)·투도(偸盜)·사음(邪淫), 입으로 짓는 업인 망어(妄語)·기어(綺語)·양설(兩舌)·악구(惡口), 마음으로 짓는 업인 탐애(貪愛)·진애(瞋碍)·치암(癡暗)의 업을 지어서는 안 된다는 말씀입니다. 그러면 십선업은 무엇이겠습니까? 살생하지 아니하고 방생(放生)하고, 남의 물건을 훔치지 아니하고 베풀며, 사음하지 아니하고 청정(淸淨)함을 드러내고, 망어·기어·양설·악구를 하지 아니하고 진실한 말을 하고, 실다운 말을 하고, 말 같은 말을 하고, 미친 소리 하지 않고, 여기 가서 이 말하고 저기 가서 저 말하지 않으며, 탐욕과 성냄과 어리석음을 여의는 것을 말합니다.

슈바이처 박사도 "나는 한 잎사귀라도 의미 없이는 뜯지 않았다. 한 포기의 들꽃도 함부로 꺾지 않았다. 벌레도 함부로 밟지 않도록 조심조심 했다. 여름날 램프 밑에서 일할 때 많은 날벌레가 날아와서 그 램프에 타서 책상에 떨어지는 것을 보는 것보다는 차라리 무더운 여름이지만 창문을 닫는 게 낫다. 답답한 공기를 호흡할지언정 나는 작은 날벌레라도 함부로 죽는 것을 지켜볼 수가 없었다."고 하였습니다.

이것이 바로 불교의 자비관(慈悲觀)이요, 나 자신보다 다른 이를 먼저 생각하는 마음이 자비심(慈悲心)입니다. 그런데 하물며 불교를 믿는 불자들이 그러한 삶의 자세와 행동을 갖지 못한다면 될 일이겠습니까? 그런 마음을 내는 것이 곧 불심이고 그런 마음 자세를 갖는 것이 바로 부처님 가르침대로 사는 모습일 것입니다.

지혜로운 불자가 되는 길

마음이 번거로우면 세상이 온통 다 번거롭게 보입니다. 반면, 마음이 맑고 깨끗하면 세상 또한 맑고 깨끗하게 보입니다. 또 가까운 이에게 좋은 일이 생기면 함께 좋아하고 가까운 이에게 힘든 일이 생기면 함께 힘들기 마련입니다. 하물며 스스로에게 좋은 일이 있으면 얼마나 좋을 것이며, 스스로에게 어려운 일이 있을 때는 또 얼마나 힘이 들겠습니까? 이것이 우리가 살아가고 있는 현실입니다. 이처럼 시시각각 변해 가는 것이 세상의 이치인데, 중생심(衆生心)이라는 것은 무엇인가에 한 번 빠져들면 헤어나지 못하고 계속해서 거기에만 집착하는 경향이 있습니다.

각자가 겪고 있는 행복과 불행, 기쁨과 즐거움, 고통과 괴로움은 누가 만들어 주는 것이 아닙니다. 그 모든 것은 스스로 만든 것입니다. 자작자수(自作自受)요 자업자득(自業自得)이며 자승자박(自繩自縛)입니다. 그런데도 한 곳에만 집착을 하고 거기에만 온통 정신이 매몰되어 결국에는 일을 그르치고 마는 것이 중생들의 삶이요 인생인 것 같습니다.

따라서 진정한 불자라면 한 곳에만 집착된 삶에서 벗어날 수 있어야 합니다. 더 나아가서 "옷깃만 스쳐도 지중한 인연"이라고 했듯이, 나와 인연을 맺은 모든 이를 돌아볼 수 있는 '변별력'을 가지고 살아갈 수 있었으면 합니다. 가까이 지내는 이가 좋은 일이 있으면 기쁘듯이, 항상 그러한 마음을 낼 줄 알아야 합니다.

우리 자신이 마음을 제어할 수 있느냐 없느냐에 따라서 기쁨과 즐거움, 고통과 괴로움을 겪게 되는 것입니다. 무지와 의심으로 가득 차 있는 마음이라면 거기에는 반드시 번뇌가 동반합니다. 그렇게 해서 생긴 마음속의 번뇌는 결국 고통과 괴로움을 가져다주게 됩니다.

그렇다면 우리들은 어떻게 살아야 할까요? 탐(貪)·진(瞋)·치(癡) 삼독(三毒)으로부터 자유로워질 수 있는 삶을 찾아내야만 합니다. 그 삶이 바로 계(戒)·정(定)·혜(慧) 삼학(三學)을 익히는 것입니다. 삼귀의(三歸依)·오계(五戒)·보살계(菩薩戒)·비구계(比丘戒)·비구니계(比丘尼戒)와 같은 견고한 그릇을 가지고 그 바탕 위에 반야 지혜를 드러내면, 마치 해가 동천에 솟아날 때 어둠이 사라지는 것처럼, 우리도 맑고 깨끗한 마음이 드러나기 때문입니다.

욕심이 없는 사람에게는 마음의 고통도 존재하지 않습니다. 그런데 인생을 살 만큼 산 분들에게 물어보면 대다수가 괴롭다고 대답합니다. 그 원인은 찾을 생각도 하지 않고 왜 사람들은 매일매일을 고통과 괴로움 속에 내몰려 살아가는 것일까요? 그것은 탐·진·치 삼독이라는 번뇌로 인해서 재색식명수(財色食名睡)의 오욕락(五欲樂)이라는 망상이 죽 끓듯 끓고 있기 때문입니다.

그러나 계·정·혜 삼학을 지니게 되면 번뇌 망상을 여의게 되고 번뇌 망상이 끊어지게 되면 고통과 괴로움은 자연스럽게 사라집니다. 세상을 들여다보면 현상에 매여서 사는 우리들의 인생은 전부가 고통과 괴로움으로 범벅되어 있습니다.

그것이 탐·진·치 삼독이라면, 그것이 타고 있다면, 타고 있는 그 불을 끄면 됩니다. 타던 불만 꺼지면 끓던 물은 잠잠해집니다. 타는 불을 꺼뜨리는 방법은 결국 계·정·혜 삼학을 드러내는 수밖에 없다는 말씀입니다. 모든 얽매임이나 속박에서 벗어난 사람은 전도몽상(顚倒夢想)으로 드러나는 공포를 다 여의게 되고 헛된 삶으로 휘둘리는 그릇된 집착이나 속박으로부터 세상을 있는 그대로 볼 수 있게 되는 것입니다.

부처님께서는 『우바새계경(優婆塞戒經)』에서 신심이라는 생명력을 가진 이가 보리심(菩提心)을 일으키기 위해서는 다섯 가지를 해야 한다고 말씀하셨습니다. "첫째는 좋은 벗을 가까이 함이요, 둘째는 성내는 마음을 끊음이요, 셋째는 스승의 가르침을 따름이요, 넷째는 연민의 정을 일으킴이요, 다섯째는 부지런히 정진하는 일이니라."

보리심은 자기의 본심인 참마음을 의미합니다. 참마음을 지니고 있고 참마음을 일으키는 이는 좋은 벗을 가까이할 수 있고, 성냄을 끊을 수 있으며, 스승의 가르침을 따르고, 연민의 정을 일으키며, 진지한 자세로 부지런히 정진하는 삶을 살 수 있다는 가르침입니다.

그렇기 때문에 사월 초파일을 준비하면서 더 특별하게 기도 정진을 하는 것입니다. 이 기도 기간 동안 각자의 수행과 정진을 통해서 스스럼없이 떳떳하고 당당하게 자기의 본분을 잊지 않는 지혜로운 불자로 거듭날 수 있기 때문입니다.

실상사
회주
도법 스님

1967년 금산사로 출가했다.
해인사 강원에서 경전을 공부한 뒤,
봉암사와 송광사 등 제방 선원에서
10여 년간 수행했다. 1995년 지리산 실상사
주지로 부임하여 귀농학교, 대안학교,
환경운동 등 인드라망생명공동체 운동을
시작했다. 2004년부터 8년간 생명평화
탁발순례를 전개하며
8만 명의 사람을 만났다.
현재 지리산 실상사 회주이자
대한불교조계종 '자성과 쇄신
결사추진본부' 본부장이자
화쟁위원회 위원장이다.

존재만으로도
가치 있음을 알 때
행복하다

도법 스님

●

지금 이 순간 산 생명으로
여기서 나를 살게 해 주는
모든 게 생명 모체이자 뿌리

배려하고 존중하는 맘으로
살다 보면 저절로 행복해져
법에 맞게 사는 게 자비의 삶

    불교 공부를 하고 수행을 하면 더 엄숙하고 경직되고 딱딱해지는 듯합니다. 더 부드러워지고 밝아지고 활발해져야 하는데 말입니다.
    제가 머리를 깎고 산 지 45년이 됐지만 한국 불교는 참 복잡하고 어렵습니다. 나만 그런가 하고 봤더니 다른 이들과 별로 다르지 않습니다. 어렵기만 한 것이 불교라면 과연 불교가 실제 사람들에게 도움을 주고 유익한 가르침이라 할 수 있을까요?
    부처님 말씀 중에 이런 말이 있습니다. "나의 가르침, 나의 진리는 지금 여기에서 누구나 다 이해하고 수긍할 수 있다. 그것이

나의 가르침이고 진리이며, 이는 다음이 아니라 지금 여기에서 바로 실현된다. 또한 이를 곧 증명할 수 있다. 그렇지 않다면 진리가 아니다."

여러분, 그동안 공부했던 불교가 그런가요? 현실에서 이뤄지고 증명이 되던가요? 저도 한때는 불교가 심오하고 높고 깊고 넓고 위대해서 아무나 이해할 수 없다고 생각했습니다. 불교는 열심히 공부하고 참선하고 기도하고 절해서 먼 훗날 깨닫고 알게 되는 것이지 바로 이뤄지는 것이 아니라고 생각했지요. 이생에 못하면 내생에서 될 것이라 배웠습니다. 그런데 부처님 가르침은 오히려 반대입니다. 지금 바로 누구나 이해할 수 있고 실현되며 증명할 수 있다고 합니다.

예를 들어봅시다. 우리는 목마를 때 물을 마십니다. 물을 마시면 어떻게 될까요. 목마름이 해결되겠죠. 단순합니다. 누구나 직접 경험하고 터득하고 증명할 수 있는 것이기에 단순 명료한 것입니다. 불교 역시 이런 것입니다. 당연히 복잡하고 어려울 이유가 없습니다. 그런데도 우리는 일평생 불교 공부를 하고 있습니다. 불교에 대한 지식만을 갖고 있기 때문에 정작 현실의 불교를 놓치고 있는 것입니다.

불교의 미래는 모두를 이해하고 공감시키는 데 있습니다. 성당에서, 교회에서, 또 무종교인들에게 설명했을 때 서로 다른 입장을 가진 모든 이를 이해시키고 공감하게 만들고 수긍하고 좋아하게 만들어야 불교가 발전하지 않겠습니까. 그런 이유로 오늘은 누구나 이해할 수 있는 불교, 바로 현실에서 증명될 수 있는 불교를 이야기하고자 합니다.

달나라에 계수나무가 있을까

불교를 공부하다보면 불(不), 비(非), 무(無), 공(空)이 굉장히 많이 나옵니다. 왜 그럴까요. 우리가 온통 전도몽상(顚倒夢想)속에서 살기 때문입니다. 전도몽상, 다른 게 아닙니다. 관념적으로 살고 있다는 말입니다. 생각이나 말, 지식이 있다고 진짜가 아닙니다. 우리가 가진 지식과 믿음, 꿈과 이상은 전도몽상 현상이 많아요. 달나라의 계수나무와 옥토끼를 찾는 것과 같습니다. 무지와 착각이 만들어 낸 환상이죠. 그래서 부처님은 양극단을 버리라고 한 것입니다.

부처님이 하신 말씀, 그리고 인간이 알아야 할 것은 두 가지에서 벗어나지 않습니다. 하나는 '인생이란 무엇인가'하는 근원적이고 보편적인 물음입니다. 또 하나는 '어떻게 살아야 하는가'에 대한 현실적인 고민이지요. 유식하게 보면 존재의 이유와 가치라고 하죠. 이 두 가지만 명료해지면 다른 것들은 큰 문제가 되지 않습니다.

실제 삶의 문제를 짚어 보면 이 두 가지 문제에는 캄캄합니다. 요즘 사람들의 지식수준은 대단히 뛰어납니다. 그런데 정말 알아야 할 자기 자신에 대해서는 너무나 무관심하고 무지합니다. 많은 것을 알고 있지만 정작 자기 자신을 알고 다루는 지식과 능력은 너무나 부족하다는 거지요. 이것이 문제입니다.

부처님의 팔만 사천 법문은 간단합니다. 응병여약(應病與藥). 병에 따라 쓰는 약이라는 뜻입니다. 대승불교, 초기불교, 참선, 교학 가운데 오직 하나만이 진짜 불교라는 것은 전도몽상입니다. 감기약이 최고고 진짜라는 말과 다르지 않습니다. 감기에는 감기약을 먹어야 하지만 배탈이 나면 배탈 약을 먹어야 하지 않습니까. 그래서 응병여약입니다. 응병여약의 관점에서 불교를 보고 다뤄야 불교를 더 명료하게 알고 효과적으로 삶에 받아들일 수 있습니다.

제일 중요한 것은 바로 '지금 여기 내 생명'입니다. 불교는 이것에 대해 눈을 뜨게 하는 종교이며 사성제 등 각종 교리도 이 같은 실제로 가는 도구에 불과합니다. 표현도 내용도 다를 수 있지만 같습니다. 불교는 매우 상식적이지 특별한 것이 아닙니다.

'지금 여기 내 생명'이 가장 중요한 가치라면 상식적으로 그 다음엔 무엇을 해야 할까요. 내 생명이 어떻게 생겼고 어떻게 이뤄졌는지, 어디에 존재하는지 알아야 하지 않을까요. 내 생명은 내 안에, 네 생명은 네 안에 있습니다. 이는 아무도 의심하지 않지요. 바꿔 말하면 너무 당연해서 무시한 채 넋 놓고 인생을 살고 있다는 말입니다. 그런데 과연 그럴까요? 이것 역시 관념, 지식, 말로만 가능할 뿐입니다. 전도몽상입니다.

나와 너의 생명이 따로 있다면 다른 생명의 유무와 관계없이 살 수 있어야 하지요? 그런데 태양이 없다면 내 생명이 존재할 수 있을까요? 아닙니다. 공기와 태양 없이 나는 존재할 수 없습니다. 그 관계를 단절시키는 한 나의 생명도 끝입니다. 나 아닌 다른 것이라고 생각할 수 있는 우주의 모든 것이 참여하고 관여해서 지금 여기 이뤄진 것이 바로 내 생명입니다. 이것이 생명의 그물, 인드라망이지요. 이처럼 모든 생명은 그물코처럼 엮여 살아가고 있습니다. 이 세상에 분리된 것은 존재하지 않습니다.

낮추고 비우고 나누는 삶

'나'라는 그물코를 모두 꿰면 온 우주가 바로 내 생명이니, 이것이 바로 '천상천하유아독존(天上天下唯我獨尊)'입니다. 내가 곧 우주이고 우주가 곧 나입니다. 『반야심경』의 색즉시공 공즉시색(色卽是空 空卽是色), 『법성계』의 일즉다 다즉일(一卽多 多卽一), 또 자타불일불이(自他不一不二) 등. 경전에 담긴 모든 가르침이 바로 이러한 실제적 사실을 있는 그대로 표현하고 있을 뿐입니다. 있는 사실을 그대로 보시면 됩니다.

　이 세상 어떠한 중생도 자기 혼자만의 힘으로 살아갈 수 없습니다. 그런데 왜 우리는 싸우고 갈등하며 살아갈까요. 무지와 착각, 전도몽상에 사로잡혀 있기 때문입니다. 팔만대장경을 통으로 외운다고 해도 이런 문제에 대한 통찰과 사고가 가능해야 불교입니다. 공기와 빛, 에너지 모든 것은 우리가 얻어 쓰는 것입니다.

　누군가의 도움을 받고 신세를 져야만 우리가 살 수 있다면 어떻게 살아야 할까요. 끊임없이 자기를 낮추고 비우고 나눠야 합니다. 여법성(如法性). 생명의 법칙과 질서가, 또 세상의 이치가 그러하기 때문입니다. 얻어먹는 주제에 오만방자할 수 없지 않습니까. 저 숲의 나무가 나를 숨 쉬게 하고 저 하늘의 태양이 나를 키웁니다. 흙과 식물들이, 모든 만물이 나를 만들어 주고 있습니다. 당연히 그 가치를 존중하고 감사해야 하지 않을까요? 또 모두가 이런 생각으로 살아간다면 우리의 삶은 얼마나 아름답고 행복하겠습니까?

　낮추고 비우고 나누는 삶을 살면 평화롭고 편안하고 홀가분하고 아름답습니다. 세상의 이치가 그러하기 때문이지요. 이토록 행복한데 더 필요한 것이 있나요. 우리가 평화롭기 위해, 사회를 아름답게 하기 위해서는 오직 낮추고 비우고 나누는 능력을 갈고 닦으면 됩니다.

　지금 이 순간 우리가 살아 있는 생명으로 여기 존재하고 있다는 사실보다 더 거룩하고 가치 있는 일은 없습니다. 그런데도 학벌과 돈 앞에 쩔쩔매야 합니까? 나 자신이 존재 그대로 이토록 가치 있는데 서울대가 무슨 상관입니까. 돈과 명예, 성별이 어떤 관계가 있습니까. 학벌이라는 관념과 환상에 미혹되어 주객전도된 삶을 멈추고, 여기에서 눈을 뜨도록 하는 것이 바로 부처님의 가르침입니다. 지금 여기서 당당하게 돈에, 권력에, 지식에 굴복당하지 말고 존재하는 것만으로 가치 있음을 아는 것이 바로 불교입니다.

지금 여기 나를 존재하고 살아갈 수 있게 해 주는 모든 것은 내 생명의 모체이자 뿌리입니다. 지극 정성으로 배려하고 존중하고 고마워해야 합니다. 이런 마음으로 살다 보면 행복하지 않을 수가 없습니다. 법에 맞게 산다는 것은 자비로운 삶이며 그래서 행복한 삶입니다. 이것이 부처님 가르침입니다. 그래서 불교가 매력적이고 특별하다고 하는 것입니다.

검단산 각화사
주지
혜담 스님

1969년 광덕 스님을 은사로 범어사에서
출가했다. 동국대 불교대학 승가학과를
졸업하고, 일본 불교대학 대학원 석사과정을
수료했다. 군승 10기로 임관, 1980년 해군
대위로 전역했다. 대한불교조계종 총무원
호법부장과 재심호계위원을 역임했고
현재 경기도 검단산 각화사 주지이다.
『반야불교 신행론』,『신 반야심경 강의』,
『한강의 물을 한 입에 다 마셔라』,
『방거사 어록 강설』,
『행복을 창조하는 기도』 등의
저서가 있으며 역서로
『대품마하반야바라밀경』(상·하)이 있다.

지혜·자비가
바로 부처,
믿음은
용기와 결단이다

혜담 스님

우리 민족의 역사를 돌이켜 보면 고려 시대 몽골의 침입을 비롯해 임진왜란, 병자호란, 일제 강점기 등 큰 일이 많았습니다. 임진왜란 때는 스님들까지 무기를 잡고 민족을 위해 싸워야 했고, 병자호란 때는 청나라 황제에게 충성을 맹세하는 치욕을 겪기도 했습니다. 국난은 단순한 나라의 위기가 아닌 민중들의 고통과 역경이었습니다. 이런 역경과 시련이 가득한 상황을 당한 우리 조상들은 과연 어떻게 했던가를 돌이켜 보아야 합니다.

고려 시대 몽골군이 침입해 왔을 때 우리 민족은 팔만대장경을 조성했습니다. 30여 년이라는 긴 세월 동안 불사를 했습니다. 혹자는 외세가 밀려와서 어려울 때 칼을 만들고 화살을 만들어야지 왜 대장경을 만들었냐고 반문할 수도 있습니다.

내 주변에 생기는 어려움, 역경, 시련은 누구에 의해 주어진 것이 아닙니다. 즉 밖에서 비롯된 것이 아닙니다. 신과 같은 존재가 있어서 "너희들은 전쟁을 하라."고 시킨 것이 아닙니다. 이것은 공업(共業)입니다.

모든 고난과 시련은 공업의 결과

물론 우리나라를 쳐들어와 임진왜란을 일으킨 왜적의 허물이 있고, 같은 민족이면서 한국 전쟁이라는 동족상잔을 부른 당사자의 허물도 있습니다. 하지만 그 이전에 우리 민족, 당시의 사람들이 가진 공통적인 업력이 그런 상황을 불러온 것입니다. 그러니 우리 한 사람, 한 사람의 마음 자세가 그런 어려움을 불러온 것이고, 이것은 사실 내 마음의 문제입니다. 내 마음이 당시 이 땅에 살고 있는 사람들의 공통된 업을 불러왔다 할 수 있습니다. 이 어려움이 내가 불러들인 것이라면 이것을 제거하기 위해서는 나의 중생심(衆生心)을 제거해야 합니다. 중생심을 없앤다는 것은 부처님의 위신력에 의지하는 것입니다. 부처님에게는 그런 어려움이 없고 모두 성취하셨으니, 부처님과 같은 상태로 다가가야 합니다.

앞서 말씀 드렸듯이 몽골 침입 당시 화살도 만들고 칼도 만들어 싸웠지만 당시 사람들은 가장 먼저 부처님의 위신력에 의지했습니다. 팔만대장경을 만든 것입니다. 그런데 부처님에게 의지한다는 것은 어떤 의미일까요. 2,600년 전에 태어나 깨달음을 얻고 모든 사람에게 스스로가 부처라고 가르친 그분께 의지하는 것입니까? 그렇게 생각할 수도 있지만 속뜻은 그렇지 않습니다.

우리가 부처님의 위신력에 의지한다고 했을 때 그 부처님은 인격체가 아닙니다. 자비와 지혜는 부처님을 떠받치는 두 기둥입니다. 자비가 곧 지혜이고 지혜가 곧 부처님입니다. 위신력 그 자체입니다. 인격적인 대상이 아닌 지혜와 자비, 그리고 위신력 그대로 곧 부처님입니다. 감각과 인식, 지식과 생각으로 알 수 있는 인격적인 부처님이 아닙니다. 그러니 사유로써 알 수가 없습니다.

우리는 지혜와 자비로서의 부처님을 믿는 것입니다. 하지만 감각과 인식을 벗어나 있는 부처님은 쉽게 믿어지지 않습니다. 마치 허공처럼 생긴 지혜와 자비를 부처님이라 느끼고 믿는 것은 보통 어려운 일이 아닙니다. 이러한 부처님을 믿기 위해서는 상당한 용기와 결단이 필요합니다. 세상을 다 준다 해도 이 믿음을 버리지 않겠다는 용기와 결단. 강화도에서 팔만대장경을 조성할 때 우리 조상들은 바로 그런 심정이었습니다. 부처님의 위신력, 본래 지혜인 부처님, 본래 역경과 시련이 없는 그 부처님을 믿고 온 국민이 한 마음으로 단합해 부처님의 말씀을 새긴 것입니다. 그 말씀을 새기며 국난을 극복한 것입니다.

만물이 부처로 보일 때 참 행복

이렇게 용기와 결단을 내어 부처님을 믿기로 했다면 몇 가지 조건이 필요합니다. 그 첫째는 대립하지 않는 자세입니다. 단순히 물리적인 대립만을 의미하는 것이 아닙니다. 자연의 삼라만상에는 대립이 없습니다. 오직 사람만이 시기하고 질투하며 대립합니다. 꽃이 다른 꽃을, 나무가 다른 나무를, 짐승이 다른 짐승을, 낙동강이 한강을 질투하지 않습니다. 문제는 사람과 사람 사이입니다. 이웃과 대립하고, 부모와 형제와 대립하고, 부모와 자식이 서로 대립하고 다툽니다. 이 모든 대립이 사라진 마음에 비로소 믿음이 싹트기 시작합니다. 그 다음으로는 베푸는 마음이 있어야 합니다. 부처님이 바로 그런 분이시기 때문입니다. 세상의 모든 존재는 다른 존재에게 무엇인가를 베풀어 줍니다. 아침에 해가 뜨고 새가 지저귀면서 나에게 기쁨을 줍니다. 한강이 편안히 흘러가면서 나에게 넉넉함을 주고 바람이 불어서 시원함을 줍니다. 자연은 무엇인가를 끝없이 주고 있습니다. 꽃은 피어서 꿀을 벌이나 나비에게 주고, 성장하고, 죽으면 거름이 됩니다. 모든 생명이 서로를 죽이는 것처럼 보이지만 사실은 서로를 살리고 있습니다. 끊임없이 무엇을 주거나 혹은 자기 몸 자체를 주어 다른 생명을 살리고 있습니다. 그것이 부처님 마음입니다. 이 마음은 한없이 넉넉하고 편안한 마음입니다. 기쁨의 마음, 즉 자비심입니다. 자연이 주는 이 자비를 느끼고 온 천지에 자비가 가득함을 느끼게 될 때, 스스로가 또한 그렇게 돼야겠다는 것을 느끼게 됩니다. 이것을 모르면 불교를 아무리 믿어도 부처님의 자리에 다가갈 수가 없습니다. 그러니 부처님을 믿어야겠다고 발심하였으면 이와 같이 베푸는 마음을 지녀야 합니다. 이 마음이 부처님에게 가까워지는 최초의 마음입니다.

그 다음은 열정과 성의입니다. 어려움을 극복하기 위해 부처님을 찾는다면, 부처님의 생명을 내 것으로 하기 위해서는 열정과 성의가 있어야 합니다. 법회 때만 마하반야바라밀을 염송하는 것이 아니라 일상생활을 하면서도 끊임없이 염송하는 열정이 있어야 합니다. 그것이 생활이 되었을 때 역경과 시련이 사라집니다. 시간이 없습니까? 30분만 일찍 일어나면 됩니다. 바로 그 시간에 염불하면 됩니다. 잠을 줄이겠다는 열정과 성의가 바로 기도하는 마음입니다.

그 다음은 내가 바라는 모든 소망이 반드시 이루어진다는 철두철미한 믿음입니다. 이때 나의 소망은 착한 소망이어야 합니다. 다른 존재를 해코지하는 소망이 아닌 모든 존재를 살리는 소망이어야 합니다. '이건 안 될 거야'라는 생각이 있어서는 안 됩니다. 세상에는 상식과 지식을 뛰어넘는 것이 있습니다. 부처님이 그런 존재입니다. 반드시 이루어진다는 굳센 마음을 가질 때 우리의 주변은 점점 변해갑니다. 역경이 순경으로 서서히 바뀝니다. 그럴 때 내가 살고 있는 곳이 좋아집니다. 탐욕심을 제거하고 부처님의 생각에 부합했을 때, 모든 것이 이루어지는 평안이 찾아옵니다. 내가 사는 세상이 극락이란 마음이 생깁니다.

그런데 이런 믿음을 방해하는 것이 있습니다. 그것이 바로 망상, 즉 어리석은 마음입니다. 내 생명이 부처님의 무량 공덕 생명이라는 진리를 믿지 못하고 '나는 범부 중생'이며 '고통을 받을 수밖에 없는 존재'라는 생각이 곧 망상이며 어리석은 마음입니다. 이것은 본래 있는 것이 아닙니다. 손가락에 붙어 있는 혹과 같아 떼어 버리면 됩니다. 그것이 수행입니다. 수행은 내가 지금 망상에 싸여 있다는 것을 알고 그것을 없애려고 노력하는 것입니다. 탐욕과 어리석음과 욕심을 떼어 버리는 것입니다.

수행에는 다섯 가지 방법이 있습니다. 첫째는 내 몸이 본래 깨끗하지 않음을 아는 부정관(不淨觀)을 통해 탐욕심을 버리는 것입니다. 둘째는 자비관, 부처님 자체인 자비심을 지니는 것입니다. 셋째는 모든 존재가 인연에 의해 생겨났음을 아는 인연관입니다. 넷째는 분별지관으로 이 세상을 이루고 있는 모든 것은 실로 있는 것이 아니며, 실로 있는 것은 부처님뿐이며 부처의 모습이 잠시 지금 보이는 세상의 모습으로 나타나 있음을 아는 것입니다. 마지막이 수식관(數息觀), 즉 숫자를 헤아리는 방법입니다. 수행을 할 때 망상이 들기 마련입니다. 그것을 막기 위해 숨을 쉴 때마다 그 수를 놓치지 않고 헤아리는 것입니다. 이것이 변형된 여러 형태 가운데 하나가 염불입니다. 염송을 함으로써 망상이 들지 않도록 하고 망상이 들었음을 알아차리는 것도 일종의 수식관입니다.

열정과 성의가 있어야 수행도 가능

이렇게 했을 때 우리 앞에 부처님이 나타납니다. 자비와 지혜, 위신력 그 자체가 부처님이라는 생각에 이르게 되는 것입니다. 그럴 때 우리는 지금까지 상상하지 못한 부처님을 느끼게 됩니다. 삼라만상이 온통 부처로 꽉 차 있음을 느끼게 될 때 우리는 세상에 잘 태어났다, 날 낳아 준 부모님에게 감사하다는 마음이 생깁니다. 그것이 부처님입니다. 나에게 부처의 품성이 있음을 느끼는 것이 삶의 의미입니다. 해가 뜨는 것을 보고 기쁨을 느끼고, 신록을 보면서 기쁨을 느끼는 것은 아무도 빼앗아 갈 수 없는 기쁨입니다. 돈, 권력, 명예에서 기쁨을 느낀다면 그것이 사라졌을 때, 빼앗겼을 때 기쁨도 함께 사라집니다. 그것은 참 기쁨이 아닙니다. 삼라만상에서 기쁨을 느꼈을 때 그것이 참 기쁨이고 세상은 살아갈 만한 것이 됩니다. 그것이 참으로 잘 사는 것이고 우리가 부처님 전에 앉아 있는 의미가 됩니다. 아무쪼록 이러한 마음이 여러분의 마음속에 가득 차서 모두가 행복하고 기쁜 나날이 되길 바랍니다.

서울 불광사
회주
지홍 스님

1970년 범어사에서 광덕 스님을
은사로 출가하였다. 석암 스님을 계사로
사미계와 비구계를 수지하였으며,
1991년 경기도 광명에 금강정사를
창건하였다. 대한불교조계종 포교부장,
조계사 주지, 파라미타 청소년협회 회장,
제11·12·13·14대 대한불교조계종
중앙종회의원을 역임하였다. 현재 제15대
대한불교조계종 중앙종회의원이며,
민족공동체추진본부 본부장이다.
지구촌공생회 이사, 인드라망생명공동체
공동대표로서 부처님의 가르침을 바탕으로 한
아름다운 사회 만들기에 앞장서고 있다.

숫자에 집착하는 삶

지홍 스님

◉

탐욕에서 벗어나려면 자기 자신의 욕심을 깨달아야 하고 분노에서 벗어나려면 진리에 눈을 떠야 한다. 사견에서 벗어나려면 부지런히 수행해야 하고, 세상일에 매달리지 않으려면 자신이 하고 있는 일에 기쁨을 느낄 수 있어야 한다. (『아함경』)

지나친 욕심에 각박해지는 우리 사회

오늘은 '숫자에 집착하는 삶'이라는 주제로 우리들의 삶을 살펴보려고 합니다. 모든 경전이 우리 삶에 중요한 말씀을 담고 있지만 『아함경』에 나오는 이야기는 현실적인 표현으로 우리에게 깨우침을 주고 있습니다.

 탐욕이 많은 사람은 번뇌가 많습니다. 탐욕에서 벗어나려면 탐욕의 근본이 욕심이라는 것을 깨달아야 합니다. 욕심이 과하면 탐욕이 되고, 그것에 집착하게 되면 고통이 일어나게 됩니다. 그래서 욕심이 고통의 원인이라는 것을 깨달아야 합니다. 그리고 화가 났을 때는 어리석음이나 탐욕이 근본이 되고 있음을 알아야 합니다. 탐욕이 채워지지 않으면 불만족이 생기고 불만족이 과하면 그것이 고통이 되어 화가 나게 됩니다. 화, 그러니까 허망한 '진심(嗔心)'은 진리에 눈을 뜰 때만이 '진심'의 허망함을 알게 되고 허망함에 대한 집착에서 벗어날 수 있습니다.

'사견(邪見)'은 그릇된 견해를 이야기하는 것입니다. 신경 쓰지 않아도 아무 문제가 없지만 신경을 쓰고 집착하면 더 고통스럽고 괴로워지는 우리들의 가치 의식이나 시각을 일컫는 말입니다. 열심히 마음을 닦는 수행을 해야만 사견에서 벗어날 수 있다는 게 『아함경』의 이야기입니다.

출가자는 세간의 일에 마음을 두지 말고 일심으로 삼매에 들어 정진을 해야 합니다. 그러나 세상일에 신경 쓰다 보면 번뇌 망상이 생기기 마련입니다. 그래서 세상일에 집착을 끊으려면 수행이라고 하는 기쁨을 느낄 수 있어야 합니다. 재가자는 자기가 하고 있는 일에 기쁨을 느낄 수 있어야만 다른 일에 집착을 하지 않게 됩니다. 자기가 하고 있는 일에서 보람, 기쁨, 행복, 평화를 느끼지 못하면 번뇌 망상이 생기고 다른 일에 눈을 돌리게 되는 것이 인지상정입니다.

자기가 하는 일에서 가치와 기쁨, 행복을 느끼기 위해서는 몇 가지 조건들이 필요합니다. 허망한 탐욕에서 벗어나야 하고, 사견에서 벗어나야 합니다. 그리고 그것들에서 벗어나려면 진리에 눈을 떠야 하고 욕심이 얼마나 허망한지를 깨달아야 합니다. 또 열심히 수행을 해야 합니다. 『아함경』의 내용은 바로 이런 이야기입니다.

언젠가부터 우리는 삶의 모습을 숫자로 평가하는 것에 익숙해졌습니다. 요즘에는 아이큐가 몇이나 되어야 천재 소리를 듣습니까? 140? 150? 사람들은 아이큐가 얼마나 높은가를 따지며 그 숫자에 집착을 합니다. 또 학생 때는 성적이 얼마나 높은가, 시험 점수를 얼마나 받았는가 하는 것이 행복을 계량하는 기준이 되고 있습니다. 나이가 들어서는 더 많은 연봉을 원합니다. 자동차를 타도 배기량이 큰 차를 선호합니다. 집도 평수가 넓은 것을 요구하고 직급도 높아야 하고 호봉도 높아야 합니다. 크고 높은 숫자를 얻기 위해서 치열한 삶을 살아야 합니다.

그런데 사람들이 높은 숫자만 좋아하는 것은 아닙니다. 때로는 높은 숫자를 싫어하는 경우도 있습니다. 늘어나는 몸무게나 나이에 신경 쓰면서 세월에 비례해 숫자가 더해지는 것을 한탄하기도 합니다. 이런 숫자들은 많으면 많을수록 불만족스럽습니다. 내가 바라던 숫자가 채워질수록 개인의 만족감은 증가합니다. 그러나 바라지 않았던 숫자가 증가하면 불만이 늘어 갑니다. 하지만 이 만족은 영원히 지속되는 것일까요? 이 모든 것이 겉모습에만 치중한 것은 아닌지 성찰해 봐야 합니다.

인생을 살면서 목표를 정하고 그것에 도달하기 위해서 열심히 사는 것은 지극히 당연한 일입니다. 하지만 목표가 지나치면

욕심이 되어버리고 맙니다. 숫자에 집착하며 살수록 우리의 삶은 각박해져만 갑니다. 내가 원하는 그 숫자에 도달하지 못하면 불안하고 내 삶이 불만족스러워지기 때문입니다. 거기다 주변 사람과의 비교가 더해지면 상대적 박탈감까지 느끼게 됩니다.

탐욕을 버리면 모두가 살 수 있다

우리의 삶은 몇 개의 숫자에 좌우되어 결정될 것이 아닙니다. 서양의 유명한 철학자인 에리히 프롬(Erich Fromm)이 쓴 『소유냐 존재냐』라는 책이 있습니다. 그 책의 결론은 '소유적 삶은 고통을 발생시키고 존재적 삶은 고통을 제거해 주고 평화로운 삶을 만들어 준다' 입니다.

소유적 삶이란 숫자, 그러니까 양적으로 많이 소유함으로써 만족감을 느끼는 것입니다. 이런 삶은 만족과 편안함을 위해 끊임없이 무언가를 소유해야만 합니다. 소유의 과정에서는 상대가 누구든 용서가 없습니다. 형제끼리 대립해야 하고, 싸워야 하고, 빼앗아야 합니다. 부모와도 마찬가지입니다. 이런 삶에는 반드시 약육강식의 법칙이 중심에 자리 잡고 있습니다. 이런 삶은 우리 모두가 함께 사는 것이 아니라 모두가 불행해지는 결과를 초래합니다. 소유적 삶이 만연한 소유적 사회는 계속해서 불평등으로 치닫게 될 수밖에 없습니다.

그렇다면 존재적 삶이란 뭘까요? 부처님 말씀에서도 찾아볼 수 있듯이 우리는 인연에 의해서 살고 있고, 앞으로도 그렇게 살아 나가게 될 것입니다. 이 세상은 인연으로 구성돼 있습니다. 이것을 불교에서는 연기적 관계라고 합니다. 인연의 다른 말이 연기라고 할 수 있습니다. 인간 관계, 사회적 관계뿐만 아니라 자연과의 관계도 인연입니다. 우리는 자연과의 관계에 의해서 이 세상에 태어날 수 있었고, 앞으로도 자연과의 관계 속에서 살아갈 수밖에 없습니다. 자연의 한 부분만 파괴되도 전체가 영향을 받습니다. 어느 한 가지만 없어져도 생명은 존재할 수 없습니다. 그래서 모든 생명은 동일한 생명과도 같이 하나의 관계성 속에 얽혀 있는 것입니다.

모든 존재가 동일한 생명과도 같은 이런 관계는 존재적 삶을 통해 유지됩니다. 소유를 통해 유지되는 것이 아니라 존재를 통해 유지됩니다. 너도 살고 나도 살고, 내 삶이 당신을 위한 삶이고, 당신의 삶이 나를 위한 삶입니다. 서로가 서로를 살려 주는 것과 같습니다. 마찬가지로 사람과의 관계 속에서도 자비를 주고받아야 하고 긍정적인 관계를 만들어 가야 합니다. 그래야만 평화의 세상이 조성될 수 있고, 행복이라는 것을 느낄 수 있습니다. 그리고 이것을 바탕으로 인간의 가치가 실현될 수 있습니다. 이것이 진정한 삶의 방식입니다. 이런 삶의 방식을 배제하고 더 많이 소유하려고 해서는 모두가 행복하지 못하게 됩니다. 설사 잠깐의 행복을 느끼더라도 그것은 착각입니다.

우리는 이미 충분히 많은 것을 가졌습니다. 더 많은 것을 가지려고 애를 쓸수록 괴로워진다는 것을 알아야 합니다. 괴로움의 원인은 대부분 욕망에서 비롯됩니다. 욕망을 놓아버리면 집착하지 않게 되고 그에 따른 고통도 자연스럽게 소멸됩니다. 『선문염송』에 다음과 같은 내용이 있습니다.

한 바라문이 두 손에 아름다운 꽃을 들고 부처님을 찾아와 공양을 올렸습니다. 그때 부처님께서 바라문을 향해 말씀하셨습니다. "버려라." 그러자 바라문은 왼손에 들고 있던 꽃을 버렸습니다. 부처님은 다시 바라문에게 버리라고 말씀하셨습니다. 바라문은 오른손에 들고 있던 꽃을 버렸습니다. 그러나 부처님은 다시 한 번 바라문을 향해 버리라고 말씀하셨습니다. 바라문이 고개를 조아리며 부처님께 여쭙길 "저는 두 손에 든 것을 모두 버렸는데 또 무엇을 버리라고 하십니까?"

부처님은 바라문을 뚫어지게 바라보시더니 말씀하셨습니다. "나는 꽃을 버리라고 한 것이 아니다. 네 몸속의 티끌과 탐욕과 번뇌의 뿌리를 버리라고 한 것이다."

손에 쥐고 있는 것들을 버린다고 해서 모든 집착이 사라지는 것은 아닙니다. 수행을 통해 이기적인 욕망을 나를 변화시키고 행복하게 만드는 긍정적인 방향으로 돌려야 한다는 것이 중요합니다. 그리고 보살의 마음으로 최소한의 것도 충족되지 않은 주변 사람들에게 관심을 쏟는 자비행을 실천해야 합니다. 그것이 우리가 가진 숫자의 집착에서 벗어나는 길이라고 할 수 있습니다.

조계종 교육원장 현응 스님

1971년 해인사에서 종성 스님을 은사로 출가했으며 1972년 해인사에서 일타 스님을 계사로 사미계를, 1974년 해인사에서 고암 스님을 계사로 구족계를 수지했다. 해인사 승가대학을 졸업하고 봉암사, 해인사 등 제방 선원에서 정진하기도 했다. 해인사 승가대학에서 강의를 하였으며, 대승불교승가회, 선우도량 등 불교 단체를 결성하여 활동했다. 실상사 화엄학림 교수, 대한불교조계종 총무원 기획실장, 대한불교조계종 중앙종회의원, 불교신문사 사장, 해인사 주지 등을 역임했고 현재 대한불교조계종 교육원장으로서 후학들을 제접하고 있다. 저서로는 『깨달음과 역사』가 있다.

평화와
행복의 디딤돌,
대승大乘 정신

현응 스님

오늘 제 말씀의 주제는 '부처님 가르침에서 배우는 행복'입니다. 2012년 부처님오신날 봉축 표어가 '마음에 평화를, 세상에 행복을'이었습니다. 개인적으로는 이 표어가 가장 마음에 듭니다. 마음의 평화야말로 모든 사람이 가장 간절히 바라는 바이고, 세상의 행복은 가장 누리고 싶은 덕목이요 가치이기 때문입니다.

평화와 행복은 불교에서만 쓰는 말이 아닙니다. 다양한 종교에서 사용하는 단어입니다. 가톨릭은 특히 평화라는 말을 좋아합니다. 또 평화와 행복이라는 말은 종교를 떠나서 일상에서도 늘 추구하는 단어입니다. 다양한 사상과 종교에서 평화와 행복을 이야기하는데, 불교에서 말하는 평화와 행복은 무엇이고 그것을 성취할 수 있는 방법은 무엇일까요?

이 시대의 불교로 이루는 평화와 행복

불교에서 말하는 평화와 행복의 바탕에는 자유가 있습니다. 불교

용어로는 해탈(解脫)이라고 합니다. 해탈은 얽매이지 않는 자유로운 마음의 상태를 의미합니다.

2,600여 년 전 부처님께서는 가르침을 전하면서 재가자에게는 지계(持戒), 보시(布施), 실천(實踐)을 강조하셨습니다. 남에게 베푸는 삶을 행하고 절제 있는 윤리 도덕적인 삶을 살면 천상의 복을 누린다고 하셨습니다. 이것 역시 평화와 행복에 이르는 부처님의 가르침입니다. 출가자들에게 늘 우리 삶과 사회, 자연 현상, 존재를 잘 살펴보면 그것이 무상(無常), 무아(無我), 공(空)임을 알게 되고 그것을 통해서 모든 존재의 속성으로부터 얽매이지 않고 자유롭게 될 것이라고 가르치셨습니다. 자신의 삶과 세상을 올바르게 통찰하고 그것을 바탕으로 세상, 존재로부터 자유로운 삶을 누리라고 말씀하신 것이지요.

평화와 행복을 누릴 수 있다는 부처님의 가르침은 2,600년 역사를 가졌습니다. 부처님의 가르침은 여러 지역에서 오랜 시간을 거치면서 많은 변화를 일으켰습니다. 저는 이러한 변화와 발전을 진화(進化)라는 현대적 용어로 말할 수 있다고 봅니다. 불교는 무상, 무아, 공, 연기(緣起)라는 기본적인 DNA를 갖고 있지만 그 모습은 시대와 나라별로 2,600년을 거치면서 엄청난 변화와 진전을 보였습니다. 지금 여러분이 보시는 현대 한국 사회의 불교 역시 진화된 형태의 다양한 불교입니다. '모든 악을 짓지 말고 선을 받들어 행하라[諸惡莫作 衆善奉行]'는 기본적인 가르침에서부터 참선, 명상, 염불, 독경, 사경, 주력 등 다양한 형태의 수행, 기도법이 신행되고 있습니다. 그리고 언젠가부터 티베트는 물론 태국이나 미얀마, 스리랑카 등의 상좌부 불교와의 교류도 많이 늘어났습니다. 이 같은 다양한 가르침이 나타난다는 것은 불교가 그만큼 발달했다는 증거라고 생각합니다.

대한불교조계종에서는 2010년부터 학인스님들의 교과 과정 개편에 나섰습니다. 예전에는 스님들이 중국의 한문 불교 서적으로 공부했습니다. 그러나 21세기 한국 불교는 세계의 여러 나라 불교와 대화를 나누고 현대적으로 응용하고 가르침으로 표현하기에 부족합니다. 그래서 교과 과정을 초기불교, 대승불교, 선불교, 계율과 불교 윤리, 불교사, 참여불교, 전법학 등 크게 일곱 가지 분야로 정리했습니다. 2,600년간 불교는 시대와 지역별로 다양하게 발전해 왔기 때문에 정확하게 알고 이해하는 것이 중요합니다. 이 시대의 불교로 평화와 행복을 이루기 위해서입니다.

대승불교, 세상을 변화시키는 방편과 원력

저는 2,600년간 진화해 온 불교를 크게 두 가지 형태로 구분합니다. 기본불교와 대승불교가 바로 그것입니다. 그럼 기본불교는 무엇이고 대승불교는 무엇일까요? 기본불교는 불교의 가장 핵심적인 기본 DNA로서 무상, 무아, 공, 반야의 가르침입니다. 이것이야 말로 부처님의 핵심적인 가르침입니다. 이러한 가르침을 강조하는 불교는 부처님 입멸 직후의 초기불교와 이후 제자들에 의해 전개된 아비달마 등에서 펼쳐졌습니다. 기본불교의 가르침은 우리에게 어떤 공덕과 효과, 이익이 있을까요?

바로 우리들에게 해탈과 자유로운 마음의 상태를 갖게 해 줍니다. 자유로운 마음의 상태, 해탈의 상태는 무상이고 무아이고 공입니다. 기본적인 가르침만 체득하면 자유와 해탈의 상태에 이르게 되고 마음의 평화를 얻게 됩니다. 이것이 불교의 기본 가르침이며 지금까지 이어진다고 보면 됩니다.

이처럼 기본불교의 가르침은 해탈과 해방, 자유의 가르침입니다. 존재의 속성을 통찰해서 무상, 무아, 연기의 가르침을 잘 알자는 것입니다. 이것을 현대적 용어로 풀면 존재론과 인식론의 영역으로 볼 수 있습니다. 기본불교는 초기불교, 아비달마, 선불교의 영역을 포함합니다. 선불교 전통이 강한 한국 불교 역시 기본불교의 영역이라고 볼 수 있을 것입니다. 그런데 부처님이 돌아가신 후 세월이 지나면서 기본불교만으로는 부족하다는 생각이 싹트기 시작했습니다. 기본불교가 자유를 누릴 수 있는 길을 보여주고 있지만 주관적이고 관념적이었기 때문입니다. 현실적인 문제를 풀어야 하는데 기본불교는 그것까지 하기는 어려웠습니다.

삶과 자연현상은 유기적으로 연결되어 있습니다. 하나의 요

소로 설명할 수 없습니다. 사회적 존재라는 말도 관계의 다른 표현입니다. 지금도 공동으로 사회적 활동을 하지 않으면 생존 자체가 어렵습니다. 그래서 등장한 것이 대승불교입니다. 무상, 무아, 공, 반야의 가르침을 바탕으로 하면서 관계를 맺고 사회적 활동, 실천을 하는 것이 대승불교입니다. 만약 우리 불교계에 스님들만 존재한다면 초기불교의 가르침만으로도 충분했을 것입니다. 그러나 불교의 가르침은 모든 존재에게 필요한 것입니다.

만해 스님은 시 〈꿈〉에서 다음과 같이 이야기합니다.

사랑의 즐거움이 꿈이라면
세상을 떠나는 해탈도 꿈입니다
행복하고 좋고 나쁜 것이 꿈이라면
해탈의 광명도 또한 꿈입니다
만일 일체만법이 꿈이라면
나는 사랑의 꿈에서 적멸을 구할 것입니다

이 시에는 대승불교를 지향하는 만해 스님의 관점이 녹아 있습니다. 그렇기 때문에 일제를 상대로 독립운동을 할 수 있었을 겁니다. 만해 스님의 시에서 보듯 기본불교에서 한 걸음 더 나아간 대승불교는 역사와 삶과 사회를 적극적으로 읽어 내고 그것에 가치를 부여해 존재론의 세계, 인식론의 세계에서 가치론의 세계,

실천론의 세계로 나아가는 것입니다.

중국 작가 루쉰은 "희망이란 본래 있다고도 할 수 없고, 없다고도 할 수 없다. 그것은 땅 위의 길과 같다. 본래 땅 위에는 길이 없었다. 걸어가는 사람이 많아지면 그것이 곧 길이 되는 것이다."라고 썼습니다. 아무것도 없는 땅을 걸어가면서 길을 내듯이, 하나하나 실천해 나갈 때 진정한 대승불교의 길이 만들어질 것입니다. 기본불교의 가르침이 존재를 해석하는 것이었다면 대승불교는 세상을 변화시키는 것을 말합니다. 방편과 원력을 통해 역사와 삶을 이뤄나가는 것입니다.

많은 분이 알고 있는 『금강경』의 '응무소주이생기심(應無所住而生其心, 마땅히 머무는 바 없이 마음을 낼지어다)'은 「장엄정토분(莊嚴淨土分)」에 나옵니다. 그런데 이 가르침에는 '머무는 바 없이'가 아닌 '마음을 낸다'에 방점이 찍혀 있습니다. '응무소주'가 기본불교의 가치라면 '이생기심'은 대승불교의 자세입니다. 그러면 어떤 마음을 내라는 것일까요? 바로 자비의 마음을 내라는 것입니다. 자비의 마음은 가족에 대한 사랑, 사회적 실천과 같은 것을 말합니다.

2,600년의 역사를 가진 불교가 동서양의 여러 사상과 종교와 비교해 볼 때 가장 빈약한 것이 사회성, 역사성, 윤리성입니다. 스님들 위주의 불교만을 전해 오다 보니 이렇게 되었습니다. 이제 우리들부터 자비의 마음을 내야 합니다. 그래야 진정한 마음의 평화와 세상의 행복을 말할 수 있고 대승불교의 가르침을 실천할 수

있습니다. 우리 불자들 모두가 대승불교의 가르침을 바탕으로 세상을 행복하고 평화롭게 만드는 일에 더욱 노력해 주길 바랍니다.

송광사
율학승가대학원장
도일 스님

1973년 양산 미타암에 입산, 1975년 통도사에서 득도했다. 태국 왕립 마하출라롱콘 대학을 졸업하고 영국 런던 대학 객원 연구원을 역임했다. 현재 조계총림 송광사 율학승가대학원 원장이다.

오직 계를
스승 삼는
냉철한
신행인 되어야

도일 스님

불교는 다른 종교와 달리 신앙이 아닌 신행(信行)이 중심입니다. 맹목적으로 믿을 수도 있는 것이 신앙입니다. 내가 그렇다고 인정하면 그것이 믿음이 되어 자기 인생을 지배할 수 있는 것이 신앙이죠. 그런데 신행은 믿음의 바탕 위에 우리가 수긍해야 하는 여러 가지 일을 이해하고 난 뒤에 그것이 행동으로 옮겨지는 것입니다. 신행은 보다 냉철하고 이성적입니다. 신행은 이성적이고 과학적이고 우리가 수긍할 수 있는 상태에서 행동해야 되기 때문에 맹목적이 아닙니다.

그래서 불교를 신행하는 것이 좀 더 어려울 수 있습니다. 옛 스님들의 말씀 가운데 '불법 문중에 인정이라고는 없다'라는 말이 있습니다. 우주의 법칙을 보면 우리가 원하는 대로 우주가 움직여주지 않습니다. 겨울이면 눈도 좀 덜 오고 따뜻하기를 바라고 여름엔 폭우가 쏟아지지 않기를 원합니다. 그러나 천지의 이치는 그렇지 않고 냉정합니다. 우주의 법칙은 우리의 인정으로 어떻게 해볼 수 없습니다. 그런 우주의 이치를 설명하고 규명하는 것이 과학인데 그 과학조차 포섭하고 있는 것이 불교입니다. 불교를 믿는 사람들은 인정을 바라기보다는 우주 이치를 제대로 이해하는 것이 더 중요합니다. 불교가 냉정한 것 같아도 사실은 냉정한 게 아니고 우주의 이치를 이해함에 따라 속에서 깨달은 삶을 얻는 것이 불교입니다. 우주의 원래 이치가 이렇구나 하는 것을 이해한 사람은 인생을 행복하게 지낼 수밖에 없습니다.

요즘 '멘토'라는 말을 많이 쓰는데 그 안에는 지도자라는 뜻도 있습니다. 나의 멘토는 누구다……. 그런데 진짜 멘토는 누구겠습니까? 부처님입니다. 그러나 불행하게도 우리는 절에 와서 법문 듣고 공부하면서도 부처님이 진정한 멘토라는 생각을 잘 안 합니다. '삼계대도사(三界大導師)', 삼계에 으뜸가는 멘토이시라는 뜻입니다.

부처님이 입멸하실 때 아난 존자가 부처님께 여쭈었습니다.

"부처님이시여, 부처님께서 입멸하시면 이 세상에 해와 달이 없어지는 것과 같은데 우리는 누구를 의지하며 삽니까? 누구를 스승으로 받듭니까?"

그 당시 가섭 존자 등 훌륭한 제자들이 있었습니다. 그런데 부처님은 누구를 의지해서 살라는 말씀은 안 하시고 다음과 같이 대답하셨습니다.

"계(戒)를 스승으로 삼아라."

여기에는 큰 뜻이 있습니다. 왜 어떤 사람을 지목해서 그 사람을 스승 삼으라는 말씀을 안 하시고 계를 스승으로 삼으라고 하셨을까요? 왜 사람이 아닌 계를 스승으로 삼으라고 했느냐? 사람은 어느 상황이 되면 마음이 변할 수 있습니다. 어떤 사람을 모시다가 그분이 돌아가시면 제자들은 망연자실해서 어느 방향으로 나갈지 모르고 그 단체도 와해될 수 있습니다. 그래서 부처님은 사람에 의지하지 말고 법에 의지하라고 말씀하신 것입니다.

오계는 훌륭한 사회적 도덕률

재가자는 오계(五戒)를 스승으로 삼으면 됩니다. 오계는 사회적으로도 아주 훌륭한 도덕률이 될 수 있습니다. 세월이 아무리 가도 변하지 않는 도덕률입니다. 불자로서 훌륭하게 행동할 수 있지만, 사회인으로서도 오계를 잘 지키면 존경받는 삶을 살 수 있습니다. 그래서 계가 스승이 됩니다.

이것이 부처님이 입멸하시기 전 말씀하신 네 가지 가르침 중 아주 중요한 가르침입니다. 누구를 스승으로 삼아야 되는가를 여쭈니 계를 스승으로 삼아야 된다고 말씀하셨습니다. 우리의 멘토는 무엇입니까? 계율입니다. 부처님 말씀대로.

삼귀의(三歸依)도 사실은 우리의 멘토입니다. 불·법·승 삼보는 우리의 영원한 스승입니다. 우리가 나아갈 길을 제시하는 것은 계율이지만, 그래도 궁금하면 물어야 하지 않겠습니까? 그 자리가 바로 삼보입니다.

삼귀의계가 사실은 가장 기본이 되는 계입니다. 계를 스승으로 삼으라고 할 때 삼귀의계가 기본이 됩니다. 그런데 원래 삼귀의계는 없었습니다. 그냥 삼귀의만 있었습니다. 계가 된 것은 중국 수나라 때 계(戒)라는 글자를 뒤에 붙이고 이를 계율처럼 지켜야 한다고 한 다음부터입니다. 그 전에는 그냥 불·법·승 삼보에 귀의만 하면 되었습니다. 삼귀의가 계든 아니든 그것은 그리 중요하지 않습니다. 불자가 되려면 기본적으로 삼귀의를 해야 하기 때문입니다. 삼귀의를 하지 않으면 불자가 될 수 없기 때문입니다.

여러분은 참으로 훌륭한 멘토가 있는 축복받은 사람들입니다. 이 세상에 삼보, 오계만큼 훌륭한 멘토는 없습니다. 다만 지금까지 우리가 깊이 알려고 하지 않았기 때문에 얼마나 중요한 멘토인지 몰랐을 뿐입니다.

그러면 삼보(三寶)에 대해 조금 깊이 알아보겠습니다. 삼보의 종류는 네 가지가 있습니다. 첫 번째는 '이체삼보(理體三寶)'라 해서 진리의 몸이라는 뜻입니다. 원 부처님, 불교식으로 이야기하면 노사나불이 되는 분이 우주의 근본인데 우주의 근본을 이체삼보의 불보(佛寶)로 삼습니다. 그 다음 법은, 위없는 우주의 삼라만상의 이치를 법보(法寶)로 삼습니다. 경전에 설해진 것 외의 근본 이치를 이야기한 것입니다. 그 다음 승은, 이 세상의 모든 공덕을 승보(僧寶)로 삼습니다. 이건 근본적인 이론입니다.

밝으면 모든 것이 사라진다

그런데 이것이 중생의 눈에 잡히지 않기 때문에 그 이치를 그대로 수용하기 어렵습니다. 그래서 눈에 보이는 것을 '화상삼보(化相三寶)'라고 합니다. 근본 이치에서 변화되어 우리 앞에 나타난 것을 말합니다. 화상삼보에서 불보는 석가모니 부처님입니다. 석가모니 부처님은 진리의 모습으로 그대로 나타나기 어려우니까 사람 몸으로 오신 겁니다. 우리와 같은 인간의 몸으로 석가족의 이름을 빌려서 오신 겁니다. 변화해서 오신 분이라 화(化)자를 씁니다. 사성제, 팔정도, 십이인연 등등 부처님이 설하신 법이 화상삼보에서의 법보입니다. 그리고 성문 연각 등 가섭 존자, 아난 존자, 사리불 존자 등등 부처님 당시에 수행하던 스님들이 화상삼보에서의 승보입니다.

그분들은 세월을 못 이기잖아요. 우리는 무언가에 의지해야 하는데 그분들이 가시고 나면 무엇이 남습니까? 아무 것도 남지 않지요. 그래서 그 뒤에 사리탑도 만들고, 부처님 전생담도 만들고, 조각도 만들어 순례 오는 사람들에게 설명도 하게 된 거죠. 처음에는 부처님의 발바닥 표시라든지 보리수를 부처님 대신으로 새겨서 거기에 예배를 했습니다. 그러다가 나중에 부처님 모습을 그대로 만들게 되었는데, 지금으로부터 약 2,000여 년 전에 간다라 지역에서부터 불상을 만들기 시작했습니다. 그리스의 영향을 받아 그 당시 불상들은 우아하기 짝이 없습니다. 인간을 닮은 조각에 예배를 하는 것을 '주지삼보(住持三寶)'라고 합니다. '주지'는 머무르고 있다, 현존하고 있다는 뜻입니다. 화상삼보의 불보는 사라졌기 때문에 우리는 나무나 돌로 불상을 새겨서 거기에 예배하는 불보로 삼습니다. 그리고 법은 팔만대장경을 법보로 삼습니다. 그리고 현존하고 있는 스님들을 승보로 삼는 것입니다.

삼보의 종류 중 마지막은 '일체삼보(一體三寶)'입니다. 이것은 앞에 나온 세 가지 삼보를 모두 합하여 이르는 것입니다. 결국은 우리가 현재에 살아 있는 승가에 예배를 하는 것이 삼보에 예배를 하는 것과 동일한 것입니다. 삼보도 이렇게 여러 종류가 있습니다. 한번 생각해 보시면 우리의 귀의 대상이 왜 삼보인지가 드러나게 됩니다.

그런데 삼보 중에서 불보(佛寶)가 가장 중요합니다. 부처님은 이 세상에 오실 때 원력으로 오셨기 때문입니다. 보살들도 원력으로 살지만 부처님께서 이 세상 오실 때도 원력으로 오셨습니다. 그래서 『화엄경』에 이르길 '부처님께는 오직 이 일뿐이시니 그 일이란 중생을 교화하는 일이다' 했습니다. 또 '부처님께서는 일체 중생을 외아들 보듯 보신다'라고 했습니다. 한 사람도 버리지 않습니다. 나를 따르고 믿는 사람만 교화하는 것이 아니라, 나와 전혀 관계없는 중생도 외아들처럼 보아서 구제하시겠다는 것이 부처님의 대원력입니다. 그런데 우리가 어떻게 그분에게 예배 공양

하지 않을 수 있겠습니까. 그런 대원력을 세운 분이 이 세상에 나타난 것만으로도 인류는 큰 축복을 받은 것이죠.

부처님이 우리에게 주신 공덕 중 또 하나 큰 것은, 이 세상의 이치를 하나도 숨기지 않고 말씀하신 것입니다. 팔만 사천이나 되는 경전을 보면 부처님이 말씀하지 않으신 부분이 거의 없습니다. 여러분이 탐구하지 않을 뿐이지 답은 다 있습니다.

2,600년 전에 부처님은 모두 말씀하셨습니다. 우리 인생은 두려움과 암흑에 가득 차 있습니다. 그러나 부처님은 그걸 두려워할 필요가 없다고 하셨습니다. 인생의 근본을 모르기 때문에 두려울 뿐이지 인생의 근본을 알면 두려워할 필요가 없다고 말씀하셨습니다. 밝혀내면 밝혀지는 것이 인생의 진리라고 하셨습니다. 그래서 번뇌를 일으키는 근본을 무명이라 한 것입니다. 무명의 반대말은 깨달음입니다.

밝으면 모든 것이 사라집니다. 천 년 동안 어둠이 내린 방이라도 불을 켜면 천 년 동안의 어둠이 한 순간에 사라진다고 했습니다. 지혜를 밝히는 순간, 아무리 오래된 무명 번뇌도 사라지게 된다는 것입니다. 그래야 제가 처음에 말씀드린 대로 신행이 될 수 있습니다. 신앙은 맹목적입니다. 우리 불교인들은 그래서는 안 됩니다. 우리는 냉철한 정신력과 판단력으로 종교를 믿어야 합니다. 그것이 우리도 좋고 앞으로 우리 인류에게도 도움이 됩니다.

범어사
주지
수불 스님

1975년 범어사에서 지명 스님을 은사로 출가했다. 1975년 범어사에서 지유 스님을 계사로 사미계를, 1977년 고암 스님을 계사로 비구계를 받았다. 1979년부터 10여 년간 제방 선원에서 수행하고 1989년 부산에 안국선원을 개원했다. 2010년부터 2년간 불교신문사 사장을 역임했으며, 현재 대한불교조계종 제14교구 본사 범어사 주지이자 안국선원 이사장, 대한불교조계종 부산불교연합회 회장, 동국대 국제선센터 선원장을 맡고 있다.

모든 인연과 이익을 나누는 수행의 힘

수불 스님

●

　　　　　　　　　　12월 25일 크리스마스는 아기 예수가 마구간에서 태어난 날입니다. 세상에 예수님이 출현했다는 것은 종교적 우열을 떠나 인류에게 축복입니다. 이로 인해 동서가 정신적인 교감을 갖게 되었기 때문입니다. 구교와 신교가 나눠진 16세기 들어와서, 바티칸 공회에서는 종교개혁이라고 할 정도로 스스로 엄청난 변화를 가져왔습니다.

우리 시대의 진정한 수행은 무엇인가

인류는 계속해서 변화해 가고 있기 때문에, 예전의 정신적인 가치를 오늘날의 사람들에게 적용시킨다는 것은 어렵습니다. 마치 KTX를 타는 지금 사람들에게 옛날 완행열차를 강요하는 것과 같습니다. 이런 정신적 입장으로는 시대를 리드하기는커녕 비춰 보지도 못할 것입니다.

　　교회의 변혁을 주도한 사람들도 세상의 변화된 모습을 어떤 식으로 수용해야, 세계를 리드하는 정신적 지도자로서의 역할을 잘 수행할 수 있을지 고민했을 것입니다. 이러한 가운데 16세기 들어서 종교개혁이 일어나고 신·구교가 갈라진 이후에도 변화를 수용할 조짐이 보이지 않다가, 산업혁명 이후 세상이 바뀌고 있다는 점을 보게 된 것입니다. 18, 19세기까지만 하더라도 세상의 변화 속도가 그리 빠르지 않았기 때문에 절실하게 고민할 필요가 없었습니다. 반면 지금은 하늘에 비행기가 500명씩 사람을 태워 나르고 땅에서는 기차가 시속 300킬로미터로 달리는 시대에 접어들었는데, 구태의연한 모습으론 세계 사람들을 아우르기에 부족하다 보니 변화하지 않으면 안 된다는 생각을 했을 겁니다.

불교는 수행이라는 가치를 바탕으로 하고 있기 때문에, 어떤 변화든 수행을 통해서 받아들일 수 있는 모습이 그 안에 자리하고 있습니다. 이것은 시대 변화와는 상관없는 가치입니다. 다만 불교를 믿는 입장이라 하더라도 수행에 관심을 갖지 않거나 관심이 있다 하더라도 올바른 수행의 방법을 접하지 못한다는 점이 문제입니다. 형식적으로는 열심히 함에도 불구하고 결과가 잘 드러나지 않으니 최근에 와서 수행의 문제를 고민하는 것이지, 수행 자체가 부족해서가 아닙니다. 부처님의 원래 뜻하고 거리가 멀어진 모습으로 수행을 하니 공부가 제대로 진행되지 않는 것입니다. 그로 인해 근기가 얕다거나 말세라는 표현을 하며 수행은 아무리 해도 안 되는 것처럼 이야기합니다. 그럼으로써 점점 더 수행과 거리가 멀어지게 하는 오류를 우리 스스로 범해 왔습니다.

수행하는 사람들이 쉽게 빨리 맛볼 수 있도록 진정한 수행이 무엇인지에 눈떠야 합니다. 바른 가르침에 의지해서 시간을 보낸다면, 양적·질적으로 훨씬 더 편안하고 행복할 수 있는 근거가 수행 속에 있습니다. 그럼에도 불구하고 공부하지 못한 많은 사람들이 이 사실을 믿지 않고, 불교를 믿으면서도 다른 일련의 일을 행하고 있는 것을 봤을 때 매우 안타까운 마음이 듭니다. 어떻게 하면 그런 사람들을 다 포용해서, 부처님의 바른 가르침에 눈뜨게 해 줄 수 있는지가 과제입니다.

정신적인 혁명을 가져온 부처님의 가르침

자기주장을 하는 것은 좋은데, 실질적인 모습이 드러나는 주장을 해야지 주장만 해 놓고 아무것도 보여 주지 못하니깐 오히려 손가락질만 당합니다. 많은 사람이 결과를 보여 달라고 요구함에도 불구하고, 드러내려고 애를 써도 보여 주지 못하니 늘 그 나물에 그 밥처럼 오해받고 있습니다.

불교가 위기라고 하는데 저는 한 번도 그런 생각을 한 적이 없습니다. 앞으로 불교를 믿는 사람의 숫자가 더 많아질지 적어질지는 모르겠습니다. 그렇지만 불교라고 하는 그 가치는 어느 시대 누구에게나 통용될 수 있는 가치이기 때문에 살아남을 것입니다.

그래서 우리 후손들에게 회자되고 인류 사회에 크게 기여할 것이라고 생각합니다.

힌두교의 입장에서 불교의 출현은 엄청난 변화와 개혁입니다. 부처님께서 출현하시기 전에 인도 사회에서는 육사외도가 브라흐만, 크샤트리아, 바이샤, 수드라의 계급사회를 지배하고 있었습니다. 이러한 상황에서 부처님께서 인도 사회에 정신적인 혁명을 가져온 것입니다. 왕족 출신이 출가했을 때 이발사 우바리에게 절을 하라고 시킨 것이나 앙굴마라를 제자로 받아준 경우 모두 혁명적 사고를 한 것입니다. 깨달음의 눈으로 만민이 평등하다는 것을 몸소 실천하셨습니다. 부처님 스스로 앞장서서 개혁을 부르짖은 혁명적 사건으로서, 불교의 밑바닥에 깔린 정신적 구조는 이 지구촌에 엄청난 변화를 가져올 수밖에 없었습니다.

이때의 인도는 정신적으로나 물질적으로 세계에서 가장 앞서 가는 선진 문명이었습니다. 계급 타파를 부르짖은 부처님께서는 오로지 깨달음에 눈뜨고 아라한과를 증득하는 것이 최종적인 완성이라고 초기불교에서 말씀하셨습니다. 훗날 제자들이 부처님의 가르침을 통해서 사회 변화를 꾀하고 인류에게 이익을 주기 위해서 수없이 많은 사상을 만들어 내고 영향을 끼쳤습니다.

이런 것들이 대승불교로 승화되었으며, 다시 일불승으로 전환되면서 순간에 깨달음을 얻을 수 있는 최상승 수행법인 선불교라는 개념까지 온 것입니다. 그것도 20세기 이후에 일반 사회에

퍼진 것입니다. 그 이전에는 절집 안에만 있었지, 세상에 공개적으로 드러내면서 남들이 깨달음을 추구할 수 있도록 보편화시키는 모습은 보이지 못했습니다. 승가의 빼어난 어른들이 전문적으로 공부해서 뜻을 이루어 내는 시기를 거쳐서, 지금은 너나 할 것 없이 그 가치를 믿고 수행할 수 있는 기회를 가지게 되었습니다. 그러한 흐름에 있어, 우리가 이론적 가치를 세상에 제공함으로써 지난 20년 동안 간화선의 대중화를 주도한 것입니다. 간화선 중심으로 수행하자는 모토를 내세운 것이 대한불교조계종입니다. 간화선 가르침이 보편화될 수 있는 흐름이 여기저기에서 엮어진다면 엄청난 변화를 가져올 것입니다.

불법(佛法)의 실다운 가치에 눈뜨는 삶

스스로 큰 힘을 발휘할 수 있으며, 다른 사람들도 큰 힘을 발휘할 수 있게끔 하는 가교 역할이 수행의 가치입니다. 눈뜬 사람이라면 누구나 수행을 할 수 있고 보람도 느낍니다. 또 후세에게 수행의 길 안내를 해 줄 수 있다는 것은 실로 굉장한 일입니다. 수행은 하루아침에 완성되는 것이 아닙니다. 꾸준히 나름대로 알게 모르게 노력한 흔적들이 그만큼 드러나는 것입니다. 욕심으로 이루어지는 것이 아닙니다. 실제로 이루어질 만한 바탕 위에서 완성되는 것이기 때문에 노력해야 합니다. 게으름을 피우면 안 됩니다. 자기가 정진한 깜냥만큼 세상에 공개되고 드러납니다. 그러므로 늘 살얼음 걷듯이 조심해서 계정혜 삼학을 익혀야 합니다.

나중에 계정혜 삼학노 다 숙지해서 벗어나는 힘을 얻으면, 이쪽저쪽을 다 살펴보고 다른 사람에게도 수행의 인연을 열어줄 수 있어야 합니다. 이러한 큰 원력을 가진 보살로서의 역할을 공부하는 사람들이 해야 됩니다. 우리 모두 깨달음에 눈뜰 수 있다는 염원 하에서 수행의 길로 나아갈 수 있도록 기회를 제공하는 것이 선각자의 마음 씀씀이입니다. 공부할 수 있게끔 기회를 제공하고 또 공부에 뜻이 없는 사람들까지도 공부할 수 있도록 씨앗을 뿌려서, 결국은 금생이든 다음 생이든 수행해서 그 완성을 맛볼 수 있도록 길 안내를 해야 합니다. 그것이 잘 살다 가는 삶입니다. 그런 복도 못 지녔으면 자기 공부만이라도 열심히 하고 가는 모습을 지녀도 나쁠 것 같지 않습니다.

부처님이라는 분의 가르침이 새삼스럽습니다. 나를 일깨워서 눈뜨게 해 줍니다. 제대로 몰랐던 자신의 마음을 열어서 알게 하고, 많은 사람에게 이익을 줄 수 있는 방향으로 가야 합니다. 그리고 그 속에서 만나는 인연들이 수행을 통해 완성되는 것입니다. 그래서 "수행해야 합니다, 정진해야 합니다."라는 말을 부단히 하는 것입니다. 하지만 세속에 있다 보면 수행하려 해도 금세 경계에 부딪히게 되곤 합니다. 그렇더라도 수행을 부단히 하며 본인

스스로를 돌이켜 보아야 합니다. 지금 당장은 손해나는 것 같더라도 나중에는 모두 좋은 인연으로 회향됩니다. 수행의 힘이 몸에 배어서 우러나온다면, 여기에 있든 지옥에 있든 무슨 상관이 있겠습니까. 모든 것을 정화시킬 수 있는 여유를 가지고 즐기게 될 때까지 수행을 해야만, 불조(佛祖)의 가르침에 접근해서 이익을 나눌 수 있을 것입니다.

그래서 우리의 중심을 잡아 줄 수 있는 종교적 가치관에 눈떴다는 사실은 큰 희망의 불을 밝힌 겁니다. 마음의 눈을 떴다는 것은 일대 사건입니다. 생사 문제를 해결하고 일대사(一大事) 인연을 다 소화한 눈으로 남을 안내할 수 있는 인연이 형성된 것입니다. 이를 바탕으로 열심히 내면을 닦고 인연 있는 사람들한테 나눠줄 수 있을 때, 불법의 실다운 가치에 눈뜨게 될 것입니다.

대구 은적사
주지
허주 스님

1975년 성우 스님을 은사로 사미계를
수지하고, 통도사 승가대학을 졸업한 뒤
비구계를 수지했다. 현재 대구·경북 지역의
풍경소리 대표와 조계종 대구·경북 전법단
단장 소임을 맡고 있다.

마음밭心田을 어떻게 갈고닦을 것인가

허주 스님

통도사 학인 시절 감로당(甘露堂) 벽에 걸려 있던 누런 달력이 생각납니다. 매일매일 손으로 갈아 끼워야 했던 그 달력은 '무진월력(無盡月曆)'이라 표기되어 있었습니다. "시작도 끝도 없이 세월이 간다[無始無終]."는 말인데, 당연히 시작된 적이 없으니 끝나는 일도 없다는 뜻입니다. 그래서 "천 겁의 세월이 흘러도 옛날이 아니고[歷千劫而不古], 만년에 나아가도 영원히 지금 현재 이 순간일 뿐[旦萬歲而長今]"이라는 옛사람의 말이 새삼스러울 뿐입니다. 생각건대, 과거란 이미 지나가 버린 현재이고 미래는 아직 오지 않은 현재일 뿐, 현재의 삶에 충실하고 열심히 살라는 말씀입니다.

실패와 좌절이 없는 인생은 위험하다

어려운 시대라고 합니다. 삶의 의미를 되돌아볼 시간조차 허용되지 않는 무한 속도 경쟁, 성과 경쟁 속에서 우리들의 마음은 점점 더 메말라 가고 더불어 환경도 인간의 생존을 위협할 만큼 악화되어 가고 있습니다. 자연환경도 인간의 마음이 이기적으로 타락한 데 그 원인이 있지 않을까요. 지금 우리 사회 곳곳에서 일어나는 가치 충돌을 살펴보면 계층과 세대 간의 문제를 떠나서 가치관의 근본적인 변화가 필요한 시기가 아닌가 하는 생각이 듭니다. 똑같은 상황에 직면했을 때 사람마다 화를 내는 정도의 차이가 있고, 아예 화를 내지 않는 사람도 있습니다. 성격은 옳고 그름의 문제가 아니라 다름입니다. 옳고 그름의 잣대보다는 다름을 이해하고 공통분모를 찾는 자세가 그 어느 때보다도 필요한 때입니다.

오늘날과 같이 복잡하고 다양한 사회 환경과 무수한 인간관계를 필연적으로 가질 수밖에 없는 현실에서 만나는 사람마다 좋은 관계로 만날 수 있다면 이처럼 복된 일이 어디 있겠습니까. 그렇지만 현실은 마음먹은 대로 되는 일보다 안 되는 일이 더 많은 게 사실입니다. 그 어떤 경우에도 좋은 인연을 만나 관계를 유지한다는 것은 참으로 어려운 일입니다.

부처님과 예수님 같은 성자들도 아주 가까이서 사사건건 괴롭히고 음해하고 심지어는 목숨까지도 빼앗으려 했던 자들이 많았습니다. 이런 일들을 생각해 보면, 인생이란 긴 항로에 있어서 실패와 좌절과 시행착오가 없는 인생은 얼마나 위험한가를 깨닫게 합니다.

『대승기신론소(大乘起信論疏)』에 보면 원효 스님께서 "인간의 마음은 좁기로 말하면 바늘구멍보다 좁고, 넓기로 말하면 이 우주

전체를 싸고도 남음이 있다."고 했습니다. 흔히 질병만 전염되는 것으로 믿지요. 만약 정신도 바이러스같이 전염성이 강하다고 하면 사람들이 의아해하겠지요. 그러나 개인의 마음 상태도 주변 사람들에게 영향을 주고, 정신적인 감염 현상을 가져옵니다.

슬픈 얼굴의 사람 옆에 있으면 왠지 같이 슬퍼지고, 외롭고 쓸쓸한 표정을 짓고 있는 사람 곁에서는 덩달아 쓸쓸해지기도 합니다. 가장의 어깨가 처져 있으면 가족 전체 분위기가 침울하고, 화가 나 있으면 가족 전체가 비상이겠지요. 마음 상태는 주변뿐만 아니라 스스로의 건강에도 크나큰 영향을 주게 됩니다. 균형을 잃은 마음의 상태는 몸에 질병을 초래할 뿐만 아니라 결과적으로 가족과 주위에 많은 우환을 안겨 줍니다.

자기 변혁과 인격 전환을 가져오는 길

인간은 홀로 사는 것이 아니라 많은 이웃과 함께 서로 의지하며 소통하고 살아갑니다. 인간은 연기적인 존재이기 때문이지요. 『반야심경』을 보면 관자재보살이 괴로움을 여의고 열반을 성취하게 된 요체는 오온개공(五蘊皆空)을 깨달은 데 있습니다. 오온이 무엇이냐 하면 곧 몸과 마음이요, 정신과 물질입니다. 이 몸과 마음, 정신과 물질 모두 공하다는 뜻입니다.

'왜 공(空)인가' 하면 인연소생(因緣所生)이기 때문입니다. 그러면 인연소생은 무슨 뜻일까요? 첫째는 실체가 없다는 것입니다. 나에게 '나'라고 하는 고정불변한 실체가 없다는 것입니다. 둘째는 상대성입니다. 홀로 존재하는 것이 아니라 관계 속에서만이 '나'라는 존재 의미를 찾을 수 있다는 것입니다. 그러므로 고통을 불러오는 이기주의는 자신이 어떤 법칙 아래 존재하고 있는지를 모르는 어리석음에서 비롯된 사고입니다. 우리를 고통스럽게 하는 요인, 이기주의로부터 자유로워질 수 있는 길은 온갖 존재의 법칙, 즉 연기적 존재라는 사실을 자각해야 한다는 것입니다.

종교에 있어서 구제나 구원의 논리가 없다면 뜨거운 햇살 아래 비옷을 입은 것처럼 별 의미가 없을 것입니다. 인간은 태어날 때부터 온갖 모순과 갈등 속에 내던져진 존재입니다. 내가 원해서 이곳에 태어난 것이 아니고 업의 결과에 따라 태어났기 때문입니다. 오랜 수행의 결과가 원생(願生)이라면 중생들이 지은 업의 결과는 업생(業生)입니다.

유한한 육체 속에 무한한 욕망이 자리하고 있으니 괴로울 수밖에 없는 존재입니다. 부처님께서는 우리가 살아가는 이 세상을 고해(苦海)라고 하셨습니다. 그래서 초기불교에서는 고(苦)로부터 벗어나는 길이 최우선의 과제였습니다. 괴로움의 근본 원인이 무엇이냐고 했을 때 그것은 욕망, 즉 집착에서 비롯된다고 하였습니다. 그 집착에서 벗어나는 길은 지혜의 눈을 뜨는 것이었습니다.

경전에서는 이를 여실지견(如實知見)이라고 합니다.

불교에서는 구원이란 말 대신에 구제와 해탈이라는 용어를 씁니다. '건져 준다'는 의미와 '벗어난다'는 두 가지 의미로 설명됩니다. 건져 준다는 것은 내가 손을 뻗어 도움을 주는 것이고, 벗어난다는 것은 나를 부자유스럽게 했던 속박으로부터의 해방을 의미합니다. 다시 말해서 구제의 의미는 건짐과 벗어남의 양면이 있다는 뜻입니다. 이 철저한 자각을 통해 자기 변혁과 인격 전환을 가져오는 길이 곧 수행이라는 것입니다.

유한한 존재인 우리 육체는 벗어나야 할 대상이 아니라 소중한 진리를 담는 그릇입니다. 고통 덩어리, 번뇌 덩어리인 동시에 도를 담는 그릇입니다[載道之器]. 그래서 중국 당나라의 영가 스님은 "환화공신(幻化空身)이 법신(法身)"이라고 하였습니다. 허깨비 같은 이 몸뚱이가 곧 법신이란 말씀입니다. 번뇌 덩어리, 고통 덩어리인 이 몸을 통하지 않고는 깨달을 수도 없다는 말씀이지요.

불교인의 실천 덕목

철저한 자각을 통해 향상된 인격을 갖추는 것, 정견(正見)을 갖추는 것, 그래서 눈을 뜨는 것[開眼]이 불교인의 실천 덕목이 아닌가 합니다. 우리의 마음밭[心田]은 어떻게 갈고 닦느냐에 따라, 쓸모 있는 땅이 되기도 하고 쓸모없는 땅이 되기도 합니다. 무념무상(無念無想)은 좋은 생각까지 비우라는 게 아닙니다. 잘못된 생각은 놓아 버리고 올바른 생각은 놓지 않고 참구(參究)하는 것이 삼매입니다. 생각 없이 멍청히 앉아 있는 것은 삼매가 아닙니다. 선(禪)은 잘못된 생각을 비우고 하나의 생각을 올곧게 유지하는 것이 기본이 되어야 합니다.

흔히 말하길 쓰레기를 줍고 청소하는 것도 중요하지만 버리지 않는 것이 더 중요하다고 합니다. 집착심을 다스리는 것도 마찬가지입니다. 지나치게 욕심을 부리고 그로 인해 잘못된 판단을 내리지 않도록 경계하고 마음의 안정을 찾는 것이 중요합니다. 그러나 이보다 앞서 처음부터 욕심을 줄이고 객관적으로 상황을 현명하게 판단할 줄 아는 지혜가 있어야 합니다.

우리의 마음을 고통스럽게 하고 번뇌로 물들이는 집착심은 사람과 사람의 관계, 사람과 물질과의 관계 속에서 벌어지는 마음 현상입니다. 지나친 욕심은 그것이 이루어지지 않을 때 화의 원인이 되며, 그 성내는 마음은 편견으로 얼룩져서 잘못된 판단을 하게 됩니다.

매일 잠깐이라도 마음속에 어떤 생각이 일어나는지 조용히 관조하는 시간을 가져 보십시오. 당장은 목숨까지 걸 일도 시간이 지나면 이슬 같고 물거품 같은 것이 되어 버립니다. 이런 마음의 작용을 원인과 결과로 나누어 조용히 반조(返照)하는 시간을 반복하다보면 그 시간이 행복한 시간이 되어 돌아올 것입니다. 부디 행복한 삶, 행복한 인생이 되길 축원합니다.

부산 삼광사
주지
무원 스님

대충 스님을 은사로 구인사에서 출가했다.
1985년 금강불교대학, 1987년 동국대학교
불교학과 대학원을 졸업하였다.
태백 등광사, 포항 황해사, 인천 황룡사
등에서 주지를 역임했고, 현재 부산 삼광사
주지 소임을 맡고 있다. 한국다문화센터
공동대표, 한국종교연합 공동대표,
글로벌문화교류포럼 상임대표이다.
대한불교천태종 종의회부의장,
대한불교천태종 재단법인 이사, 금강대학교
이사 자리에 있다. 종교인 봉사공동체
공동대표, 개성 영통사 성지순례단장 등
종교 화합을 위한 사회적 실천에 수행을
경주하고 있다.

마음을
쉴 수 있다면
부처님과
다름없다

무원 스님

◉

　　　엘리어트(T. S. Eliot)라는 시인은 〈황무지〉라는 시에서 "사월은 가장 잔인한 달"이라고 노래했습니다.

　사월은 가장 잔인한 달
　죽은 땅에서 라일락을 키워 내고
　기억과 욕망을 뒤섞고
　봄비로 잠든 뿌리를 뒤흔든다.
　겨울은 따뜻했었다.
　대지를 망각의 눈으로 덮어 주고
　가냘픈 목숨을 마른 구근으로
　먹여 살려 주었다.

　음의 기운이 지고 양의 기운이 뻗기 시작한다는 동지로부터 오랜 어둠을 깨고 뭇 생명이 머리를 드는 경칩을 지나 이제는 밤낮의 길이가 같아 음양의 기운이 균형을 이루는 춘분을 따라 완연하게 봄이 오고 있지요? 봄이 오면 그야말로 만물이 생동하여 마음을 설레게 합니다.

분별심이 부른 역효과

대한불교천태종 본산인 구인사에도 느닷없는 눈발과 새하얀 잔설에도 송백이 더욱 푸르게 빛을 발하고, 개나리, 목련, 철쭉뿐만 아니라 연꽃의 뿌리를 깨워 흔들어 움을 틔우고 꽃을 피워낼 준비를 하고 있습니다. 얼어붙은 가장 잔인한 대지에서 새로운 생명이 기지개를 켜고 흙을 돋우고 싹을 틔워 꽃을 피웁니다.

그런데 사월에는 예로부터 오랜 잠에서 깨어 나오자마자 콜레라, 조류독감 같은 역병이 창궐하고, 사회적으로는 가장 많은 전쟁을 시작하여 참화를 불러오는 달이기도 하여 시인은 가장 잔인하다고 그 슬픔을 노래했던 듯합니다.

어둠과 무명에서 깨어 나와 맑고 밝은 빛을 대하자마자 갈등의 씨앗을 싹 틔우고, 비방과 비난을 멈추지 않는 것은 아직도 탐·진·치 무명의 삼독(三毒)이 남아 있기 때문일 것입니다. 현상계의 모든 것은 공(空)하나 현상은 차이로 인식되기 시작합니다. 마음속에 물질세계의 경계를 자꾸 만들어 내는 것이지요.

그러나 부처님의 진리는 자신의 아집을 집어넣고 뒤섞어 차별을 만들어 내는 것이 아니라, 유사점을 유출하여 동일성을 찾아가는 것, 그리하여 마침내는 동일성조차도 없고 일체가 공하여 현상의 차별이 없다는 것을 깨달아 가는 것입니다.

포스트모더니즘의 대가인 데리다(Jacques Derrida)는 차이를 지속시키고자 하는 존재의 속성을 발견하여 '차연(差延, Differance)' 곧 차이의 연기라는 조어를 만들어 내고, 존재론적 철학적 세계관을 구축하였다지요. 현재 우리나라에는 다문화인이 100만을 넘어섰고 탈북자 정착민들도 2만을 넘어섰습니다. 영국 런던 시내에서는 인종 폭동이 일어났었고, 프랑스의 파리 교외에서도 인종차별에 따른 폭동이 발생하였습니다. 그럼에도 불구하고 프랑스는 '공공장소에서 종교적 상징물 착용 금지법'을 발효하여 이민족의 문화를 무시, 차별하는 정책을 시행함으로써 오히려 저항의 표현으로 히잡(이슬람 여성들이 쓰는 두건) 착용을 촉발시켰지요.

우리나라도 우리가 다문화에 대한 인식을 달리하지 않는다면 장래 다문화에 대한 거부감과 차별 문제는 많은 사회적 갈등과 혼란을 초래할 것입니다.

중요한 것은 마음과 행위

부처님은 변하지 않는 존재론적 실체를 가르치지 않았고, 오로지 상전(常轉)하는 현상의 법을 설하였습니다. 우리는 시절 인연으로 우리의 현상적 위치에 서 있을 뿐이고, 이 인연사로 인하여 인종, 민족, 문화, 종교의 다양성을 보장받아 그 다양성으로 기쁨을 누리고 조화 속에 진화를 해 나가고 있습니다. 우리의 차이는 현상적 차이일 뿐, 변치 않는 본질적 차이가 아닙니다. 우리는 차이의 연기를 획책하고 지속시켜서는 안 됩니다.

왕후장상의 씨앗이 따로 없고, 인종의 뿌리가 따로 없습니다. 부처님께서도 행위에 의해 농부가 되고, 행위에 의해 기술자가 되고, 행위에 의해 상인이 되고, 행위에 의해 하인이 되고, 행위에 의해 도둑이 되고, 행위에 의해 무사가 되고, 행위에 의해 제관이 되고, 행위에 의해 제왕이 된다 하시며 사람에게 중요한 것은 마음과 행위일 뿐 외모와 출신이 아님을 깨우쳐 주셨습니다.

일전에는 탈북자 형제의 살인 사건이 있었습니다. 남한 사회에서 적응을 비교적 잘해 나가는 형에 대한 부적응자 아우의 절망감이 형을 질시하고 갈등하여 살해 유기한 것입니다. 에리히 프롬의 말처럼 우리는 과거 억압의 역사에서는 '자유에로의 도피'를 하지만, 갑자기 맞닥뜨리게 된 너무 많은 자유 앞에서는 아집으로 가득한 오만한 분별심조차 잃어버리고 방황을 하게 되어 궁극에는 '자유로부터의 도피'를 하게 됩니다. 그리하여 우상이나 아이돌, 또는 물신(物神) 독재자들에 열광하여 기울게 됩니다. 너무 많은 자유 앞에서 주체를 못하여, 자기를 버리고 남에게 양도해 버리는 것입니다. 자기 자신의 인연법, 연기법을 알았더라면 자신을 폐기(廢棄) 처분해 버리는 사건은 발생치 않았을 터입니다. 자유가 어디로부터 오는가에 대한 화두로 성찰을 하고 연기 인과관계에 대한 깨달음이 있으면 주체 못할 너무 많은 자유 앞에서도 주체적인 판단 하에 결정을 할 것입니다.

　괴로움도 없고 괴로움의 원인도 없으며 괴로움의 소멸도 괴로움을 소멸하는 길도 없습니다. 모든 것이 없는데 무엇에 집착할 것입니까? 불자들이 더욱 각성하고 분발하여 세상의 구석진 곳을 살피고 부처님의 가르침을 베풀고 실천하여 정착민과 다문화인들을 제도(濟度)하는 데 가일층 노력해야겠습니다.

마음을 비우자

사월부터는 양의 기운이 더욱 화하여 더욱 근면 성실하고, 성장과 자기 계발을 위한 목표가 세워질 터이나, 마음을 비우는 수행부터 하시기 바랍니다. 문화사가들은 발명왕 에디슨(Edison)의 전구 발명은 오히려 문명병을 가져다주어, 밤의 시적 낭만을 빼앗아버렸고, 노동시간의 연장으로 노동 착취를 상습화시켰으며, 야간을 배회하는 올빼미족을 양성하고 인간 정신이 오염돼 범죄를 가중시켰다고 비판합니다. 그렇다고 해서 전등을 없애버릴까요?

　한병철 선생은 모든 곳에서 '하면 된다'라는 '자기 긍정성 과잉'을 부추기고, 노력과 성취에 대한 환상을 불어넣어 오히려 자기 착취를 가중시키는 '피로 사회'에 와 있다고 현대사회를 진단하며, 망가질 때까지 자기를 밀어붙이고 억압하는 이런 망상을 깨고 '잘 쉬기'를 권면합니다. 김정운 교수는 놀아 본 사람이 상상력과 창의력, 소통력을 발휘하고 행복감을 맛본 사람이 진정 행복을 만들어 낼 수 있다고 하며 잘 놀기를 권장합니다.

임제 선사께서는 '쉬고 또 쉬라', '쉬고 또 쉬어 아무 일 없이 지내라[休歇無事去]', '생각 생각에 찾아 헤매는 마음을 쉴 수 있다면 곧 조사님, 부처님과 다름없다'고 말씀하셨습니다.

부처님은 『능엄경』에서 "쉬는 것이 곧 깨달음[休卽菩提]입니다. 쉬면 내 마음속에 숨 쉬고 있는 본래 부처의 마음이 드러나기 때문입니다. 본래 부처의 마음은 고요하면서도 밝고 깨끗한 마음으로 걸림 없는 무장무애의 마음입니다."라고 말씀하셨습니다. 걸림 없이 집착 없이 마음을 비우라는 말입니다. 이것이 잘 쉬는 방법입니다.

앞으로 정치적 변화를 맞아 많은 선택 앞에서 부처님의 인연법을 잘 살피는 혜안을 가지시고, 또한 너무 분발심을 내어 쫓기지 마시고 마음에 자기 탐착이나 집착, 걸림이 없이 잘 쉬어서 만사여의하게 형통하기를 기원합니다.

삼독에서 빠져나와 어리석은 무명을 깨고 바른 육식(六識)을 얻어, 부처님의 가피가 가득하여 사월은 가장 잔인한 달이 아니라 가장 행복한 달이 되십시오.

통도사 서축암
감원
우진 스님

1980년 종범 스님을 은사로 득도했다.
1980년 사미계, 1991년 비구계를 수지한
우진 스님은 1998년 종범 스님으로부터
전강을 받았다. 통도사 강주를 역임하고
현재 통도사 서축암 감원으로 주석 중이다.

집착하는
마음 버리면
새로운
내가 보인다

우진 스님

●

　　　　　　　　오늘의 주제는 부처님의 깨달음입니다. 깨달음이 무엇이냐는 물음에 답을 구하기 위해 『화엄경』을 펼쳐 보겠습니다.

　　부처님께서 깨달으신 모습의 첫 번째는 '이행(二行)이 영원히 멈추었다'는 말입니다. 이행(二行)은 이분법적인 행동입니다. 좋다-나쁘다, 한다-안 한다, 좋다-싫다, 예쁘다-추하다 등 모든 두 가지 생각의 패턴, 행동의 패턴이 없어졌다는 말입니다. 무엇인가 나누어 보고 생각하고 행동하는 그 모습들이 없어졌다는 뜻도 됩니다. 이것이 깨달음의 첫 번째 모습입니다.

　　두 번째는 '달무상법(達無相法)'입니다. 형상이 없는 법을 통달했다는 말입니다. 중생은 상을 따라 움직입니다. 유형의 존재를 내가 얻었다, 유형의 존재가 있다고 보는 것이 상법입니다. 반면 무상법은 어떠한 형상도 없는 법입니다. 부처님께서는 앞에 있는 그 무엇을 보더라도 영향을 받지 않는다는 말입니다. 욕을 들어도 칭찬을 들어도 똑같습니다.

　　부처님께서 깨달음을 얻었다는 말에서 '깨달음'은 인식 중심입니다. 똑같은 말이 어떤 형태와 상황으로 전개되면 '해탈했다'

라고 표현합니다. 그러니까 깨달음이라고 하는 인식의 전환을 통해서 속박으로부터 벗어날 수 있다는 말입니다. 이러한 깨달음, 해탈을 정의하는 말은 『아함경』부터 『화엄경』에 이르기까지 일관되게 표현되는 세 가지로 정리할 수 있습니다.

첫 번째를 보겠습니다. 『화엄경』「십지품」에 나오는 말씀입니다. '불자야, 보살 마하살이 이와 같은 열 가지 모습으로 모든 연기를 본다.' 연기는 원인과 관계 속에서 형성된 것, 인식되는 것을 말합니다. 이 세상 모든 존재하는 것은 연기로서 존재합니다. 여러분과 저도 연기 속에서 존재하고 이 법당도 연기 속에서 존재합니다.

그래서 '고정 불변의 실체도 없고, 인간이라고 주장할 수 있는 인격이 없고, 목숨도 없는 줄 알아야 한다'고 했습니다. 나는 나 속에 살았는데 나도 없고, 나는 인간이라고 생각했는데 인간도 아니고, 나는 살아 있다고 생각했는데 살아 있지도 않은 것입니다. 그것은 '자성(自性)이 공하다'는 말로 표현될 수 있습니다. 자성은 스스로의 성격입니다. 요즘 말로 하면 다른 사람과 구별되는 개성입니다. 여러분에게는 다른 사람과 구별되는 성격이 있습니다. 모습, 생각, 이름, 주민번호 등이 자성입니다. 이것을 다른 말로 '법(法)'이라고 합니다. 하나하나의 존재마다 하나하나일 수 있는 성격을 말합니다. 그 법이 공하다는 얘기는 '있다, 없다'라고 판단할 수 없다는 말입니다. 있다는 생각이 드는 순간 나라고 하는 생각,

나의 인격이라고 하는 생각, 나의 주관이라고 하는 생각 속에서 구속되고 속박되어서 어디에서든 자유로울 수 없습니다.

인식 전환으로 속박 벗음이 깨달음

좋다는 생각에 사로잡히면 좋은 이미지를 주고 싶습니다. 그 사람이 느끼는 좋은 이미지를 손상시키고 싶지 않지요. 그러면 괴로워지는 것입니다. 그 무엇이라도 고정된 생각, 고정된 가치관을 갖고 있다면 그 고정된 패턴 속에서 행복할 수 없습니다.

제가 얼마 전 우연히 넘어져서 목발을 짚게 되었습니다. 누가 알았겠습니까. 제 자신이 넘어져서 목발을 짚는다는 사실을 상상한 적도 없습니다. 목발을 짚고 법당에 들어오는 저의 심정을 생각해 보십시오. 그런데 그것도 하나의 모습입니다. 목발을 짚는 것도, 생생하게 두 발로 걷는 것도 하나의 모습입니다. 멀쩡하게 걷다가 절름발이가 되고 절름발이 상태이지만 아마 곧 멀쩡하게 걸을 것입니다.

불교에서는 이 세상 모든 것이 무상하다고 합니다. 그리고 그 사실을 알게 되면 새로운 내일을 준비하게 됩니다. 오늘의 나는 내일의 내가 될 수 없다는 사실을 자각하게 되기 때문입니다. 그래서 불교인은 이 세상 그 어떤 사람보다도 도전적이고 개척적인 사람이 되어야 합니다. 오늘의 나는 무상하고 오늘의 삶은 오늘로써 끝입니다. 항상 새로운 내일을 위해서 도전하고 새로운 내일을 위해서 창의적인 정신을 발휘하면 됩니다. 이 세상 모든 것은 변화되고 항상 새롭게 태어난다는 사실로 나 자신을 새롭게 할 필요가 있습니다. 그렇게 잘 보존하고 유지하면 조금 더 쓸 수 있고 유지 보수 관리가 시원찮으면 금방 끝이 납니다.

두 번째 '모든 존재하는 갈래의 차별적인 모습들이 소멸되어서 필경에 다 흩어지고 없어진다. 그래서 그 형상 있음이 없는 줄 보면 바로 그 순간에 어떠한 형상도 없다는 사실을 알게 되고 해탈의 세계가 내 앞에 펼쳐지게 된다.'

여러분 어릴 때 사진과 지금의 사진을 비교하면 어떻습니까. 말로 표현할 수가 없습니다. 그게 자성멸입니다. 이 세상에 존재하는 모든 것을 하나하나 해체해 보니까 그 모든 것은 사라져 해탈해 있더라, 즉 없다는 말입니다. 지금 사회에서 가장 심각한 문제가 자유민주주의의 시장 경제입니다. 자유민주주의 이념이 하나의 상입니다. 과거에는 나만 잘 살면 되는 줄 알았는데 내가 잘 살고 보니까 옆이 다 무너집니다. 우리 사회에서 불교인들이 해야 될 역할 중의 하나가 저탄소 음식으로 먹거리를 해결하자는 것입니다. 50킬로미터, 70킬로미터에서 생산된 음식으로 우리의 음식을 해결하자는 것이 저탄소 음식 운동입니다.

필리핀에서 바나나가 올 때까지 수많은 이산화탄소를 배출하며 왔습니다. 미국에서 쇠고기, 돼지고기가 올 때 수없는 이산화탄소를 배출했습니다. 과거에는 맛있는 음식을 먹으면 좋아진다고 했습니다. 그렇지만 지금은 맛있는 음식만 추구하며 살다 보면 결국은 공멸한다는 이치를 아는 것이 무상입니다. 이 세상 어떤 모습도 고유의 모습이라고 할 것이 없다는 것입니다. 내가 본 모습이 사실이 아님을 알 때 나는 행복해질 수 있습니다. 불교인의 두 번째 해탈이 이것입니다. 보이는 현상과 내가 알고 있는 생각으로부터 벗어날 때 행복해집니다.

세 번째를 봅시다. '이와 같이 공과 무상에 들어가면 원하고 구하는 것이 없어진다. 그런데 오직 제외되는 것이 있으니 대자비가 나를 이끄는 머리가 되어서 중생을 교화하는 것이 제외되며 바로 그때 무원해탈문을 얻게 된다.'

이것은 '원하다, 구하다'와는 다릅니다. 원하고 구하는 것은 사모하고 그리워하고 의존하는 것입니다. 남편은 돈을 줘야 하고 자식은 나의 자랑이 되어야 한다고 합니다. 그렇지 않으면 원수가 되지요. 의존심 때문입니다. 『숫타니파타』에서 부처님께서는 무소의 뿔처럼 혼자서 가라고 합니다. 사랑도 미움도 벗어 놓으라는 노래 가사도 있습니다. 이 모든 것이 의존을 벗어나라는 말입니다. 불교에서는 사랑이 아니라 자비라고 합니다. 원하고 의존하는 것으로부터 벗어나야 하기 때문입니다. 그래야 그 사랑이 아름답습니다.

'영원' 없기에 도전 계속해야

이 공과 무상과 무원의 깨달음을 얻기 위해 우리는 불교를 믿고 수행을 합니다. 기도를 하는 이유는 오늘의 나의 삶이 아닌 또 다른 내일의 삶을 준비하기 위해서입니다. 절을 하는 이유는 나의 고정관념을 내려놓기 위해서입니다. 관세음보살을 수없이 찾는 이유는 나라는 집착을 관세음보살을 통해서 풀어내기 위해서입니다. 이것이 부처님께서 아함에서 대승경전에 이르기까지 끊임없이 강조하신 깨달음의 유형입니다.

『화엄경』에 나오는 말을 한 가지 더 언급하겠습니다. '경계, 즉 눈앞에 펼쳐진 대상이 허깨비와 같고 꿈과 같고 그림자와 같고 메아리와 같고 또한 변화와 같은 줄을 뚜렷이 알아야 한다. 만약 모든 보살이 능히 이와 같이 보고 실천하는 것이 하나가 되면 모든 경계 가운데 좋다, 나쁘다와 같은 두 가지의 가치 판단을 하지 않는다. 두 가지 견해가 생기지 않고 생각이 멈춰지면 일체 모든 부처님의 가르침이 한순간 바로 자신의 눈앞에 펼쳐짐을 얻는다.'

인류의 모든 문화는 생각의 문화입니다. 하지만 오직 불교만이 생각을 멈추라고 합니다. 열심히 관세음보살을 찾다 보면 생각이 멈춰집니다. 열심히 절하다 보면 생각이 멈춰집니다. 열심히 경전을 읽다 보면 생각이 멈춰집니다. 그 생각의 멈춰짐 속에서 새로운 나와 새로운 길이 발견됩니다.

그래서 근본의 마음이 발현되는 바로 그 순간 '아뇩다라삼먁삼보리'를 얻을 수 있다고 말합니다. 분별, 망상이 떨어지니까 우리의 마음이 근원으로 돌아갑니다. 근원으로 돌아가니까 아뇩다라삼먁삼보리를 얻는 순간을 만날 수 있습니다. 아뇩다라삼먁삼보리는 자비와 지혜와 원력이라고 했습니다. 그 마음이 발현되어서 일체법이 곧 마음의 자성임을 알아서 육신으로부터 지혜의 몸으로 전환된다고 합니다.

절을 하고 경전을 독송하고 참선을 하고 염불을 하는 모든 목적과 당위성은 바로 이 공, 무상, 무원을 얻는 데 있다는 사실을 바로 알고 정진을 해 나간다면 반드시 해탈의 문에 다다를 수 있을 것입니다.

미황사
주지
금강 스님

1982년 대흥사 지운 스님을 은사로
출가하였다. 1985년 해인사에서 행자 생활을
하고, 그 해 자운 스님을 계사로 사미계를
받았다. 1991년 중앙승가대학교에 입학하여
불교학을 전공했다. 1993년 중앙승가대
총학생회장, 전국불교운동연합 부의장을
역임했다. 1994년에는 범종단개혁 추진회
공동대표를 맡아 종단 개혁에 앞장섰다.
2000년부터 현재까지 해남 미황사 주지
소임을 맡아 한문학당, 템플스테이,
참선수행 등 다양한 수행 및
교육 프로그램을 진행하고 있다.

새잎 돋는 나무는
지난 가을 열매를
떠올리지 않는다

금강 스님

　　　　　　　　　●

　　　　　　　　4개월 전쯤 이 법회의 법문을 요청
받았습니다. 여러분도 지난해 이 법회가 시작된 후 매달 마음을
내서 오셨습니다. 그러니까 여러분들과 제가 오늘 한마음을 냈기
때문에 여기 이 자리에 있는 것입니다. 함께 만나려고 한다면 둘
이 마음이 깊어져야 합니다. 하지만 마음은 늘 변할 수 있어요. 그
마음을 유지하려고 한다면 첫 마음이 계속 일어나야 합니다. 한번
마음 냈다고 해서 그것이 지금까지 이어진 것이 아니라 오늘 아침
에 또 다시 그 마음을 일으켜야 여러분들과 제가 만나게 되는 것
입니다. 그래서 오늘은 처음 마음, 초심(初心)에 대해 이야기하고
싶습니다. 선심초심(禪心初心). 선심(禪心)은 바로 첫 마음에 있다는
말씀을 드리고 싶습니다.

　　저는 열일곱 살에 출가했습니다. 절에서 고등학교를 졸업하
고 해인사로 갔습니다. 그런데 암자에 살다가 그야말로 큰절에서
살 생각을 하니 마음 한편으로는 걱정이 됐습니다. 이렇게 큰절에
서 내가 살 수 있을까? 그런 걱정이었습니다. 그런데 절 마당에서
어떤 키 작은 노스님 한 분이 팔을 휘저으시면서 아주 당당하게
저쪽에서 오시는 거예요. 그 스님 앞에 가서 정중하게 합장하고

인사를 드렸더니 스님이 대뜸 저를 보시고 물으셨습니다. "너 어디서 왔나?" "예, 전라도 해남에서 왔습니다." "뭣 때문에 왔냐?" "예, 행자 생활하러 왔습니다." 그랬더니 제 손을 덥석 잡아주는 거예요. 그러시고는 "야, 너 성말 잘 왔다. 우리 죽을 때까지 공부하자. 이생에 태어났다 생각지 말고 공부하다 죽자." 그런 말씀을 하시는 거예요. 그 말씀을 듣는데 눈물이 왈칵 쏟아졌어요. 그 스님이 혜암 스님이셨는데 그 스님께서 사셨던 원당암에 가면 지금도 큰 나무에 이렇게 적혀 있어요. "공부하다 죽자." 본래 스님께서 늘 사람들에게 하시던 말씀이었어요. 근데 저는 그 이야기가 마음속에 얼마나 깊이 새겨졌던지 어떤 일을 하거나 어떤 걸 계획하거나 늘 어느 자리에 있어도 그 생각이 불쑥불쑥 올라와요.

저라고 게으른 마음이 없겠습니까? 게으른 마음과 욕심내는 마음과 성질내는 마음 이런 것들이 일어나는데, 그럴 때 그 생각만 딱 떠올리면 마음속에서 '다시 공부하자', '처음으로 돌아가자' 하는 마음이 다시 생깁니다. 그런 첫 마음으로 지금까지 살고 있다고 저는 생각합니다.

초심은 수행 지탱하는 힘

우리가 좌선(坐禪)이라고 하죠. 좌선이라는 말을 『육조단경』에서는 이렇게 풀이해 놨어요. 밖으로 어지러운 마음을 앉혀 놓는 것. 다리 꼬고 앉아 있는 것이 좌(坐)가 아니라, 밖으로 어지러운 마음을 앉혀 놓는 것이 좌(坐)다. 선(禪)은 본래 자기 마음속에 지혜롭고 덕스러운 본래 성품을 그대로 드러내는 것이다. 이렇게 표현해 놓았어요. 그러면 우리가 본래 갖추고 있는 지혜롭고 덕스러운 그 성품은 어떤 것이냐? 그 성품을 드러내는 것을 선이라고 하였는데 그러면 그것은 어떤 것이냐. 석가모니 부처님께서 깨달으시고 난 뒤에 첫 일성이 있습니다. 저는 그것을 인류 역사상 가장 위대한 발견이라고 이야기합니다.

사람들은 기본적으로 고뇌하는 것이 있습니다. 생명이 있는 것들은 늘 죽음에 대한 두려움이 있습니다. 그것은 살아 있는 존재의 한계성이죠. 죽음에 대한 문제는 극복할 수 없어요. 그래서 죽음은 인류 역사상 모든 사람의 첫 번째 고뇌로 꼽히고, 우리 한 사람 한 사람이 일생을 사는 데 있어서 매 순간 부딪치는 문제입니다.

그리고 늙음의 문제가 있습니다. 고령화 사회가 되어서 생물학적 나이는 80년, 90년, 100년까지도 갑니다. 하지만 제정신으로 그때까지 살기란 쉽지 않습니다. 늙음의 문제는 생물학적 수명은 늘어난다 할지라도 늘 다가오는 문제이고 괴로움의 문제입니다.

또 병드는 문제가 있습니다. 우리 주변의 한 사람이 아프면 온 가족이 다 아픕니다. 병의 문제는 언제 나에게 다가올지 모르고, 언제 우리 가족에게 다가올지 모르는 문제입니다.

또 삶의 문제가 있습니다. 하루하루 살기가 살얼음판 같습니다. 세끼 밥 꼬박꼬박 먹어야 하죠. 또 말 한마디 잘못하면 오해를 낳기도 하죠. 행농 하나 잘못하면 또 그렇습니다. 그래서 하루하루의 삶이 늘 고(苦)의 연속입니다.

석가모니 부처님은 보리수 아래서 깨달음을 얻으시고 이런 문제에 대한 고뇌에서 완전히 벗어나셨습니다. 그것을 해탈이라고 합니다. 그러고 난 뒤 처음 하신 말이 있습니다. 『화엄경』에 나오는 이야기입니다.

"기이하고, 기이하구나. 일체의 중생이 여래와 같은 지혜와 덕상(德相)이 있건만, 분별 망상으로 인해서 알지 못하고 있구나." 깨닫고 보니 나와 똑같은 지혜와 덕상이 누구에게나 있다는 거죠. 그런데도 사람들이 알지 못하는 것은 번뇌와 망상 때문입니다. 다른 곳을 쳐다보고 있다는 말이죠. 석가모니 부처님이 만약 이곳에 다시 오셔서 여러분을 본다면 어떻게 보실까요? 중생으로 보실까요, 아니면 부처로 보실까요? 바로 여러분이 가지고 있는 깨달음의 성품을 보실 겁니다. 비록 지금 다른 곳을 쳐다보고 있다고 해도 부처가 아닌 것은 아니라는 거죠.

석가모니 부처님이나 옛 선사들이나 다 공통으로 이야기하는 것은 우리가 본래 부처라는 점입니다. 그런데 그 마음을 잊고 우리는 눈과 귀와 코와 혀와 피부, 각각이 분별하는 욕망을 따라갑니다. 이 눈이 늘 잘 보면 좋은데 분별을 합니다. 선택을 하는 겁니다. 같은 것이 있어도 예쁘다, 추하다고 합니다. 그러고는 예쁜 걸 택하죠. 잘생겼다, 못생겼다. 분별은 하지만 기준은 없어요. 늘 상대적이죠. 그리고 그중에서 어느 것 하나를 취하죠. 그렇게 되면 나머지 것들은 다 버리게 됩니다. 그러면 어떻게 해야 그런 관점을 다 내려놓고 석가모니 부처님께서 발견하신 본래 부처의 마음자리를 드러낼 것인가. 나는 그것이 초심이라고 이야기합니다.

옛 선사들은 바로 그 자리를 생각하기 이전 자리, 말하기 이전 자리라고 했습니다. 그것을 지혜의 자리, 깨달음의 자리 또는 부처의 자리라고도 합니다. 우리의 본래 자성이라고도 하고요. 그 마음을 언제 냅니까? 바로 지금 이 순간. 그 마음이 바로 초심입니다. 첫 마음, 어떤 대상을 볼 때 바로 내 생각이 일어나기 전 바로 그 마음으로 보라는 것입니다. 늘 그 다음에 내 생각이 일어나죠. 내 경험과 학습되어진 것들이죠. 왜 그럴까요? 자기 자신을 믿지 못하니까요. 그 첫 마음을 믿지 못하고 그동안의 경험, 어디서 들었던 것, 배웠던 것, 이런 것들로 바라보고 추측합니다. 늘 그 마음 때문에 오히려 잘 볼 수 있을 것 같지만 오히려 더 흐리게 보게 됩니다.

우리는 본래 부처인 마음이 어디 한곳에 있다고 생각합니다. 도(道)가 어느 특정한 곳에 있다고 생각하는 것입니다. 또 어디 고정되어 있다고 생각하기도 합니다. 하지만 그게 아닙니다. 매 순간 바로 지금 이 자리에서 그런 고정된 사고가 아닌, 있는 그대로 모든 가능성을 열어 둔 지혜의 마음으로 활발하게 살아 있는 것. 이것이 바로 지혜의 마음이라고 생각합니다.

봄이 되면 나무가 새싹을 틔웁니다. 그런데 작년에 어렵고 어렵게 열매 맺었던 것을 생각하면 얼마나 허망하겠어요. 또 이렇게 잎사귀를 내밀고 꽃을 피우고 열매를 맺어야 한다고 생각하면 고통스럽겠죠. 그러나 나무는 지난 가을에 맺었던 열매를 생각하지 않습니다.

바로 지금 이 순간에 다시 생생하게 살아 있기 위해 새잎을 내밀고 있습니다. 꽃을 내밀고 있습니다. 그런데 사람들은 지금 이 자리에서 생생하지 못하고, 늘 과거의 것을 끌어들여 비교를 합니다. 또 미래의 것을 가져다 지금 이 자리에서 추측을 합니다. 그래서 지금 현재의 마음을 놓치는 경우가 있습니다.

현재를 보아야 경험도 지혜가 돼

초심은 늘 수행의 순수성을 잃지 않게 해 줍니다. 언제나 내가 새롭게 태어나도록 만들어 준다는 것입니다. 그런 마음, 바로 우리 망념 속에서 순수한 마음을 깨닫는 것이 바로 초심입니다. 가령 『금강경』을 볼 때에도 내가 지난번에 봤던 마음이나 누구에게 배웠던 마음, 이런 것에 의지해서 보려고 하지 말고, 지금 바로 이 순간의 마음으로 새롭게 경전을 대하면 볼 때마다 달라집니다. 부처님 경전도 그렇고, 선어록도 그렇습니다. 나무 한 그루 보더라도 지금 살아 있는 모습을 볼 줄 알아야 합니다. 지난 가을의 열매를 생각하거나 지난 겨울의 낙엽 떨어진 것을 그리워해서는 안 됩니다. 지금 이 순간 잎사귀가 나는 것, 꽃이 피는 것, 이것을 잘 볼 줄 아는 것, 생생하게 볼 줄 아는 것, 그것이 바로 오늘의 모습으로 보는 것입니다.

지난 경험이 나에게 지혜로 작용할 수도 있습니다. 하지만 경험이 지혜가 되려면 지금의 눈으로 늘 볼 수 있어야 합니다. 경험이 무시된다는 것이 아니라 늘 현재의 초심으로, 현재의 마음을 생생하게 가져야만 그것이 지혜로 살아난다는 말입니다.

우리는 몸을 쉬는 방법은 잘 압니다. 그런데 마음을 쉴 줄은 모릅니다. 마음도 쉬어야 합니다. 마음은 어떻게 쉽니까? 몸은 저녁에 자면 쉴 수 있지만, 마음은 자기 자신의 순수한 마음 상태로 돌아가는 것이 쉬는 것입니다. 그것이 바로 초심으로 돌아가는 마음입니다. 우리 본래 마음으로 돌아가는 마음, 그 마음을 일으키는 마음이 정말 마음을 쉬는 마음입니다. 감사합니다.

제주 관음사 주지 성효 스님

정대 스님을 은사로 출가하였다.
용인 용덕사 주지를 역임하였고,
대한불교조계종 총무원 재정국장, 문화국장,
한국불교문화사업단 국장, 대한불교조계종
제14대 중앙종회 법제분과 위원장을
지냈다. 제15대 전반기 대한불교조계종
중앙종회사무처장을 역임했다.
현재 제23교구 본사 관음사 주지로 있으며
은정불교문화진흥원 이사, 불교자비
복지원 대표 이사, 제주불교 문화대학 학장,
제주불교 종단 연합회 회장,
제주도 전통사찰 문화재 위원장이다.

지금 필요한 것은
'이 순간'
변화할 수 있는 삶

성효스님

◉

　　　　　　　　　　살아 있는 것이 무엇인 줄 모르며,
죽은 것이 무엇인지 또한 모릅니다. 무엇을 말할지 참으로 암담합니다. 다만 서로서로가 의지하는 모습이 그저 신비롭기만 합니다. 물질과 물질이 형태를 달리하니, 참으로 소란스럽습니다. 욕심은 하늘을 찌르고 생명을 파리, 모기 다루듯 하니 어쩌란 말입니까

우리 주변의 '지옥'

골목골목마다 있는 식당에 메뉴를 보면 이 세상을 살아가는 데 유쾌한 마음이 없습니다. 자비의 눈으로 한번 보아 주십시오. 지금부터 여러분들을 지옥으로 안내합니다. 기름에 튀기기, 오랫동안 삶아 먹기, 뜨거운 숯불에 굽기, 피 빼먹기, 생살 뜨기, 펄펄 끓이기 등 우리가 살아가는 거리가 그대로 지옥의 풍경이 아니겠습니까? 어느 절 탱화에서 본 지옥도가 눈앞에 펼쳐지는 듯합니다. 내가 자행하며 떳떳해 하는 일들이, 그 그림 속의 모습들이 바로 내 자신이라면 그대로가 지옥 악귀들의 자화상이 아닌가 합니다. 그들의 입장에 서니 참으로 참담하기 그지없습니다. 그렇다면 그들

이 누구인가 살펴봅시다. 보통 사람은 죽은 지 100년 뒤에나 다시 인간의 몸을 받아 태어나게 됩니다. 물론 악업을 많이 지은 사람들은 이 기간이 더욱 길어지게 됩니다. 그렇다면 '인간 몸 받아 다시 태어나기까지 어디서 무엇을 할까?' 궁금하시겠지요. 걱정 마십시오. 이 100년이라는 기간도 턱없이 부족합니다. 평생 동안 당신의 배를 채운 모든 생명체에게 빚을 갚아야 합니다. 소로, 돼지로, 개로, 물고기로, 뱀으로, 사슴으로, 개구리로, 해삼으로, 멍게로, 뱀장어로, 민물 장어로, 붕어로, 잉어로, 메기로, 참치로, 대구로, 광어로, 닭으로, 오리로, 말로, 염소로, 지네로, 가재로, 피라미로, 오소리로, 바다의 모든 어류로, 하늘을 나는 조류로, 육지의 모든 짐승으로 …… 먹는 만큼 다시 그것으로 태어나 빚을 갚아야 하니 100년도 짧다는 것을 아시겠지요. 조금 더 구체적으로 들어가면 내 입에 들어온 그들은 누구일까요? 표면적으로는 돼지인데, 그 영혼은 누구일까요? 바로 여러분들의 조상님들이며 일가친지들입니다. 매우 무서운 일이며, 용서할 수 없는 일입니다. 채식을 통해 맑은 몸 맑은 마음이라야 부처님 앞에 그나마 설 수 있는 것입니다. 채식하는 것은 작은 일이 아닙니다. 매우 큰일입니다.

채식이 아닌 육식 중심의 서구 문명은 인간의 배를 채우기 위해 아마존 열대우림의 숲을 베어 내고 소를 키우는 목장 지대로 탈바꿈시키고 있습니다. 유엔 보고서에 따르면 육식이 지구온난화의 주원인이라고 합니다. 축산업은 전 세계 모든 교통수단을 합친 것보다 더 많은 온실가스를 방출한다고 합니다. 유엔식량농업기구(FAO) 보고서 「축산업의 긴 그림자」에 의하면 '가축 폐기물과 목축장 폐기물에서 배출되는 오수는 전 인류의 활동으로 배출되는 오수의 양보다 많다'고 합니다. 육류를 기반으로 한 식단은 채식 기반의 식단보다 10~20배의 더 많은 토지를 소모합니다. 전 세계에서 생산되는 곡물과 대두의 거의 절반가량이 가축의 사료로 쓰이고 있습니다. 아마존 열대우림의 70퍼센트가 축산 농장과 사료로 쓰이는 작물을 기르기 위해 벌목되고 있습니다.

참회와 수행이 필요한 시점

우리가 사는 지구는 지금 온난화를 겪고 있습니다. 지구온난화 때문에 섬이 가라앉고 지구가 더워지고 있습니다. 그래서 북극곰이 살 곳이 없어지고 아름다운 사계절이 없어집니다. 불규칙적인 폭우로 인명 피해는 해를 거듭할수록 늘어나고 있습니다. 지구의 한 곳이 홍수로 피해를 입는 반면, 한쪽은 물 부족으로 인한 극심한 가뭄과 식량난으로 고통받고 있습니다. 그런데 이런 지구온난화는 바로 우리가 만든 것입니다. 오늘날 지구온난화 문제는 인류의 생존을 위협할 만큼 심각한 문제로 대두되고 있습니다. 온난화 문제가 이처럼 초미의 전 지구적 관심사로 등장하는 것은, 인간이 지금과 같이 자원 소모적인 경제개발을 가속화하고 물질 낭비의 생활 방식을 지속한다면 머지않아 인류의 존립마저 위협받게 될 것이라는 절박함을 직접적으로 느끼기 시작했기 때문입니다. 오늘날의 환경문제는 포괄적이고 전 지구적이며 상호 연계적이라는 것에 더욱 심각성이 있습니다.

　이제 부처님의 가르침에 귀를 기울여야 합니다. 부처님의 가르침을 더욱 깊이 사유해야 합니다. 불자로서 자신 있는 모습으로 살아갑시다. 부처님 앞에 떳떳한 모습으로 마주할 수 있는 사람이 됩시다. '옴 살바 못자모지 사다야 사바하' 참회진언입니다. 아침저녁으로 나로 인해 목숨 잃고, 상처 입고, 마음 아픈 모든 영혼을 향해 참회해야 합니다. 부지런히 참회하며 오계와 십선계를 지키고자 할 때 무수한 공덕이 돌아오게 됩니다. 몸에 병이 사라지며, 마음이 평화롭고, 생각이 깊어지며, 진정한 행복을 알게 될 것입니다. 지금이라도 우리가 자비의 몸과 마음으로 살아가는 동안 그들에게 참회해야 합니다. 진정으로 참회하며 방생하고 새로운 사람으로 거듭나 성숙한 삶으로 변화한다면 좋은 곳에 빨리 태어날 것입니다. 착하게 수행을 열심히 하면 두려울 것이 없습니다. 우리 인간을 포함한 이 지구에 있는 모든 것이 서로 돕고 있기에 편하게 공존하며 살아가는 것입니다. 이것을 깨닫지 못한다면 자살 행위가 되는 것입니다. 나무 한 그루를 죽이고, 동물 한 마리를 죽일 때마다 우리는 우리 안에 작은 일부를 끊임없이 죽이고 있는 것입니다. 동쪽에서 일어난 작은 바람이 서쪽에서는 큰 태풍이 되어 상처를 남깁니다. 오늘날 인간의 이기적 편안함을 위한 욕망은 내일의 황량한 지구의 모습으로 우리에게 돌아옵니다. 조그만 공간에서 밀폐되어 사육되는 짐승들의 슬픔은 먼 훗날 우리에게 커다란 아픔으로 되돌아옵니다. 나무는 꽃을 버려야 열매를 맺고 강물은 강을 버려야 바다에 이릅니다.

초기경전에 보면 사람들이 기쁨이라고 생각하는 것을 현자(賢者)들은 고통이라 말하며, 사람들이 고통이라고 생각하는 것을 현자들은 기쁨으로 여깁니다. 수행자의 기쁨은 비우고 또 비워 내는 것입니다. 재물, 색, 음식, 명예, 수면의 오욕(五慾)과 탐·진·치 삼독(三毒)을 비워 내지 못하면 부처님과는 점점 멀어질 뿐입니다. 이것을 느끼는 바로 그 순간 변하는 자가 진정 용기 있는 사람입니다. 지금 이 순간 바로 변할 수 있는 자비 보살이 됩시다.

우리는 항시 더불어 존재하는 한 물질일 뿐, 우월한 절대적 존재가 아님을 명심해야 합니다. 떠날 때 뒷모습이 아름다운 사람이 되어야 누군가 그 길을 따라올 것입니다. 우리의 조그마한 물질에 대한 욕망과 탐닉이 지구를 파괴한다는 사실을 상기하면서 인간의 욕망을 내려놓아야 합니다. 그래야 강에서는 물이 흐르고, 사과나무에서는 사과가 열리며, 숲에서는 지구를 살리는 나무가 자라나고, 새는 거기에서 노래하며, 인간은 한 걸음 더 영적으로 부처님의 가르침을 따라 수행하는 푸른 별 지구가 될 것입니다.

헝가리 원광사
주지
청안 스님

헝가리에서 태어나 20대 초반인 1991년 숭산 스님을 만났고 1993년 미국 프로비던스 선원의 겨울 결제에 참가해 이듬해 28세의 나이에 출가했다. 이후 한국의 화계사, 해인사에서 수행했다. 1999년 지도법사 인가를 받고 2000년 고국으로 돌아가 헝가리 관음선원 주지를 맡았으며 부다페스트에 선원을 세워 대중을 지도하며 수행했다. 이후 유럽 각국에서 불교와 선 수행법을 알리고 있다. 현재 헝가리에 유럽 최초의 한국식 사찰인 '원광사'를 짓고 주지를 맡고 있다.

마음을
항상
우주처럼
거울처럼

청안 스님

⦿

오늘 법문의 주제는 '무엇을 도와 드릴까요?(May I help you?)'입니다. 사람들은 이 말을 종종 잊습니다. 우리의 삶은 명확한 방향으로 가지 않습니다. 사람들은 오랜 시간을 살면서도 자신이 왜 사는지 알지 못합니다. 하지만 우리는 살다 보면 이상한 느낌을 받을 때가 있습니다. 이것은 꼭 한 번은 느끼게 되는 매우 이상한 느낌입니다. 인간은 존재 그 자체로 불완전합니다. 불완전하기 때문에 먹고, 자고, 사는 것만으로는 충분하지 않습니다.

무엇을 도와 드릴까요

나무는 초록색이 되는 것만으로도 충분하고 하늘은 하늘색이 되는 것만으로도 충분합니다. 강은 흘러가는 것만으로도 충분하고 산은 높은 것만으로도 충분합니다. 하지만 우리 인간은 충분하지 않습니다. 인간은 다른 존재와는 다르게 마음을 가지고 있고, 생각을 합니다. 우리는 좋은 것과 나쁜 것, 삶과 죽음, 옳고 그른 것에 대한 생각을 가지고 있기 때문에 충분하지 못합니다.

인간은 우주에서 가장 똑똑한 동물입니다. 그렇기 때문에 우리는 생각을 할 수 있습니다. 하지만 우리가 어떤 존재인지는 명확하지 않습니다. 우리가 살아가는 목적도 명확하지 않습니다. 사람들은 행복해지고 부자가 되고 유명해지고 싶어 합니다. 자신의 모든 것을 투자해서라도 그렇게 살고 싶어 합니다. 사람들은 왜 부자가 되고 싶어 하고 유명해지려고 하는 걸까요? 문제는 사람들이 행복해지고 유명해지고 싶어 하면서 다른 사람들에 대해서는 신경 쓰지 않는다는 데 있습니다. 사람들은 나만 행복해지면 된다고 생각합니다. 세상 모든 사람이 자신의 행복만 이루고자 했기 때문에 지금처럼 불공평해졌습니다. 지구에 살고 있는 67억 명의 사람들은 지금 어떻게 살고 있나요?

우리가 만약 행복에 대해 지금과는 달리 생각하고 접근한다면 우리 모두 행복해질 수 있습니다. 어쩌면 지금과 달리 균형 잡힌 삶을 살 수 있을지도 모릅니다. 우리는 우선 '내가 제일 중요해'라는 생각을 버려야 합니다. '내가 제일 중요해'라는 말은 '내가 행복해지기 위해서라면 너를 신경 쓰고 싶지 않아'라는 말과 같습니다. 이런 이기심을 넘기 위해서는 진실을 깨달아야 합니다.

진실은 우리가 어떤 존재인지 깨닫는 데 있습니다. 또 우리는 그저 진실에 대해 생각만 하는 것이 아니라 너와 나 그리고 우리가 모두 각각 존재한다는 것을 믿어야 합니다. 하지만 계속 생각에 집착하기만 한다면 깨달음을 얻을 수 없습니다. 깨달음을 얻지 못한다면 우리는 계속 나뉘게 됩니다. 당신, 당신, 당신으로 나뉘게 됩니다. 당신은 당신의 집에 살고, 당신은 당신의 차를 몰고, 당신은 당신의 음식을 먹습니다. 우리는 모두 나뉘게 됩니다.

하지만 우리는 똑같은 공기를 마시며 숨을 쉽니다. 우리는 똑같이 물을 마시고 똑같이 길을 걷습니다. 또 우리 모두 태어나고 죽습니다. 우리는 이 사실을 잊습니다. 이를 깨닫기 위해서는 스님의 불성, 당신의 불성, 부처님의 불성이 모두 같다는 것을 알아야 합니다. 우리가 이 사실을 알고 '어떻게 도와드릴까요'라고 물으면 존재에 대한 정확한 길과 방법을 찾을 수 있습니다. 오늘 법문의 주제인 '무엇을 도와드릴까요'는 콜센터에서 '무엇을 도와드릴까요'라고 묻는 것과는 다릅니다. 회사에 전화하면 들을 수 있는 '무엇을 도와드릴까요'와도 다릅니다. 콜센터나 회사에서 묻는 것은 '나는 당신과 사업을 하고 싶어요'라는 의미입니다. 이는 당신의 행복에 대해서는 전혀 신경 쓰지 않는 이기적인 일일 뿐만 아니라 당신을 진정으로 생각하는 것도 아닙니다.

콜센터와 회사에서 '무엇을 도와드릴까요'라고 묻는 것과 부처님이 묻는 것은 다른 의미와 깊이를 지닙니다. 부처님의 물음은 깊은 경험과 불성으로부터 우러나온 것입니다. '무엇을 도와드릴까요'는 내가 당신을 돕는다면 나 자신도 도울 수 있다는 의미입니다. 이는 당신이 행복하면 나도 행복하다는 뜻입니다. 당신은 이렇게 물을지도 모릅니다. 나 자신을 도우면 다른 사람을 돕는 것과 같습니까? 그것은 같지 않습니다. 그저 겉보기에 그렇게 보일 뿐입니다. 이는 세상으로부터 자신을 가두는 것과 같습니다.

업을 알고 업을 내려놓는 일

세계와 하나가 되는 것 이외에 다른 대안이나 방법은 없습니다. 하지만 그것은 매우 간단합니다. 머릿속에 있는 그 기계를 멈추십시오. 당신과 세계가 나뉘어져 있다고 믿게 하는 그 이분법적인 기계를 멈추십시오. 만약 당신이 이것을 연습한다면 마음도, 생각도, 영혼도 움직이지 않을 것입니다. 한국말로 이것을 '무위(無爲)'라고 합니다. 만약 당신이 정말로 무위가 무엇인지 알고 싶다면 내면을 살펴보세요. 내면을 살펴보고 물어보십시오. 무위가 무엇인지 그리고 무엇이 불성인지 물어보십시오.

무위란 무엇입니까? 만약 당신이 무위를 수행한다면 움직이지 않는 마음, 움직이지 않는 몸, 영혼을 얻게 될 것입니다. 만약 당신이 이것을 얻는다면 당신의 마음은 거울과 같이 깨끗해질 것입니다. 하지만 수행을 위해서 꼭 절에 가야 한다고 생각하지 마십시오. 당신이 절에 가는 것은 매우 좋은 일이지만 그렇다고 꼭 가야 되는 것은 아닙니다. 순간순간 마음을 우주처럼, 거울처럼 깨끗하게 유지하십시오. 그리고 당신의 생각에 너무 집착하지 마십시오. 순간순간 당신은 수행할 수 있습니다. 순간순간 당신은 점점 더 명확해질 것입니다. 이것이 진정한 수행입니다.

눕거나 앉거나 일어서거나 걸을 때도 무위를 항상 생각하세요. 그리고 자거나 깨어 있거나 말을 하거나 가만히 있을 때도 이 질문을 계속 담아 두십시오. 만약 당신이 마음을 우주처럼 거울처럼 깨끗하게 유지할 수 있으면 당신은 무엇이든 받아들일 수 있습니다. 이는 매우 간단한 일입니다. 이 탁자가 연한 갈색인 것처럼 명확합니다. 만약 이 탁자가 더럽고 먼지가 쌓여 있다면 당신은 깨끗하게 닦아야 합니다. 하지만 사람들은 어떤가요. 사람들은 당신을 어떻게 바라보나요? 당신은 다른 사람들이 마음속에 무엇을 가지고 있는지 살펴보나요? 서로를 제대로 바라보고 있기나 하는 걸까요? 정말로 우리가 어떤 사람인지 인지하고 있는 걸까요?

대부분의 사람들은 머릿속에 갇혀 있습니다. 대부분의 사람들은 마음속에 갇혀 있습니다. 하지만 머릿속과 마음속은 매우 작습니다. 만약 마음이 열린다면 그 작은 곳들은 무한의 시간과 공간이 됩니다. 이로써 당신의 마음은 깨끗해질 수 있습니다. 그리고 당신은 진정으로 알 수 있게 될 것입니다. 다른 사람에게 무슨 일이 일어나고 있는지를 말입니다.

다른 사람이 행복하면 당신도 행복해집니다. 다른 사람이 기분이 좋지 않으면 당신도 기분이 좋지 않습니다. 어떤 사람이 고통에서 벗어나면 당신은 자비를 얻게 됩니다. 이것이 우리의 참된 수행입니다. 참된 수행은 좁은 방에서, 좁은 방석 위에서만 할 수 있는 것은 아닙니다. 당신은 절에는 안 갈 수 있지만 당신의 업은 사라지게 할 수 없습니다. 그것을 기억하세요. 당신은 몸이 있기 때문에 업을 가지고 있습니다. 이것은 좋거나 나쁜 것이 아닙니다. 그것에 대해 나쁜 감정을 갖거나 걱정하지 마세요. 먼저 당신의 업을 인지하십시오. 인지하고 그것을 내려놓으십시오.

당신의 업을 알고 다른 사람을 돕기 위해 정진하십시오. 이것은 매우 중요합니다. 당신의 내면을 보고 분노와 무지(無知)를 버리는 것이 참된 수행입니다. 탐(貪)·진(瞋)·치(癡)를 버리세요.

울진 불영사
주지
일운 스님

현재 울진 불영사 주지로 있으며 천축선원을 중심으로 25여 동에 이르는 가람을 일구었다. 또한 매년 사찰 음식 축제와 울진 군민을 위한 산사 음악회, 어린이와 청소년 백일장을 개최하고 있으며, 2011년 5월에는 염불만일 수행 결사를 시작하여 회원이 1,000여 명에 이르고 있다. 그 결사를 통해 해외 어린이 교육 지원과 북한 어린이 돕기에 동참하고 있으며, 2012년 7월에는 심전문화복지회관 기공식을 가졌다. 현재 전국비구니 선문회 부회장, 울진 불교사암연합 회장, 대한불교조계종 중앙종회의원을 맡고 있다. 저서로는 사찰 음식을 소개한 『불영이 감춘 스님의 비밀 레시피』, 『김치 나무에 핀 행복』이 있다.

순간을 놓치는
삶은
전부를 잃는 것

일운 스님

●

　　　　　　옛날 어느 동네에 구두쇠로 소문이 자자한 이가 살고 있었습니다. 그 소문을 들은 어떤 사람이 구두쇠를 찾아가 '단추' 하나로 국을 맛있게 끓여 주겠다고 하였고, 구두쇠는 그 말이 조금 의심스러웠지만 생각해 보니 그리 손해나지 않을 것 같아 흔쾌히 허락을 했습니다. 그 사람은 솥에 물을 붓고 단추 하나를 넣고는 열심히 젓기 시작했습니다. 한참을 젓다가 한 국자 간을 본 그 사람이 "아! 소금이 좀 있으면 맛이 좋겠는데……."라고 하자 그 광경을 뚫어져라 지켜보던 구두쇠는 얼른 소금을 대령했습니다. 그리고 한참을 끓이다 또 간을 보고는 "아! 양배추가 좀 있으면 맛이 좋겠는데……."라고 하자 구두쇠는 얼른 양배추를 가져왔습니다.

　그렇게 점점 한 가지씩 한 가지씩 재료가 모아지자 구두쇠도 모르는 사이에 정말 맛있는 '단추국'이 완성되었다고 합니다.

　이 이야기는 『단추 스프』의 일부분을 인용한 것입니다. 이처럼 우리의 관념을 넘어선 곳엔 불가능을 가능케 하는 진실한 힘이 있습니다. 늘 생각만으로 된다 혹은 안 된다고 굳게 믿어왔었던 자신을 잠시 내려놓으십시오. 그리고 마음을 활짝 열어 지금 현재

온전히 깨어 있을 수 있다면 우리는 순간을 통해 전체를 사는 것
과 같을 것입니다.

중생들의 삶과 함께 하는 '안거'

최근 쉼 없이 내리던 비가 그치자 천축산 골짜기마다 안개가 피
어오르고 계곡의 물소리는 마치 살아 있음을 증명하듯 힘차게 산
자락을 감싸며 흐르고 있습니다. 탁탁탁. 스님들의 정진을 알리는
선원(禪院) 입승스님의 죽비소리가 허공을 담을 때면 만 중생들이
함께 그 자리에 있음을 압니다. 여름 석 달 동안 산문 밖 출입을
삼가고 정진에 몰두하는 하안거 결제가 시작된 지 벌써 두어 달이
지났습니다.

　안거는 불교의 오랜 역사 속에서 시대별로, 지역별로, 또 나
라별로 변천 과정을 거치면서 그 모습을 조금씩 달리하여 왔습니
다. 남방불교의 경우는 우기에 한 번 안거가 행해지고 있으며, 안
거가 끝난 후에는 재가자들이 가사와 그 밖에 필요한 생필품을 마
련해서 스님들께 공양 올리는 의식이 이어져 오고 있습니다. 그리
고 중국을 거쳐 우리나라로 불교가 넘어오면서 추운 겨울에도 안
거가 제도화되기 시작하였고, 그 뜻과 정신을 이어 불영사 천축선
원에서도 봄과 가을 두 번의 산철 결제를 포함하여 연중 내내 안

거를 통해 수행할 수 있도록 문을 열어두고 있습니다.

　2,600년이 흐른 지금, 선불교를 중시하는 우리나라에서는 이 안거 제도가 부처님의 가르침을 실천하는 방법 중 하나로 한국 불교의 정체성을 각인시켜 주는 중요한 역할을 하고 있습니다. 안거의 어원을 살펴보면 팔리어로 왓사(vassa)라고 하는데, '우기(雨期)'라는 뜻이라고 합니다. 인도의 기후는 건기와 우기로 나뉘는데, 특히 우기가 되면 억수같이 내리는 비 때문에 농지가 범람하여 돌아다니며 걸식하기가 불편할 뿐만 아니라, 대지에 사는 작은 미물들을 죽일 염려 또한 있어 부처님께서 여름 석 달간은 만행을 중단하고 한 장소에 머물러 수행과 정진에 힘쓰도록 허락하시게 된 것입니다.

　사실 안거를 한다는 것은 개인적으로는 수행이요, 깨달음으로 나아가기 위한 시간이기도 하겠지만, 안으로 좀 더 살펴보면 생명 존중 사상과 함께 중생들의 삶이 함께한다는 것을 알 수 있습니다.

수행은 실천적 삶

자비심을 내고 수행하는 것은 스님들만의 일이 아닙니다. 고(苦)에서 벗어나 완전한 즐거움과 행복을 추구하는 것도 훗날로 미루

거나 누군가가 대신해 줄 수 있는 일이 아닙니다. 수행이란 앎이 아니라 바로 실천적 삶입니다. 아무리 많은 안거를 통해 자신을 성찰한다고 해도 그것을 행(行)으로 옮기지 않는다면 그것은 아는 데 그친 죽은 공부라 생각합니다.

하루살이가 그런다고 합니다. 참 살기 힘들다고……. 천상의 시간으로 본다면 인간 세상 또한 하루살이와 다름없다고 할 수 있는데, 그렇다면 순간을 놓치는 삶은 누군가에겐 일생을 놓치는 정말 안타까운 일이 아닐까요?

지금 이 순간 한 번쯤 자신에게 반문해 보시길 바랍니다. '현재, 나 자신을 있는 그대로 받아들이고 있는가?' 어디를 가나 자신을 쫓아다니는 그림자가 싫어서 그 그림자를 지우기 위해 달려도 보고 쭈그려 앉아도 보고 누워도 봅니다. 아무리 발버둥을 쳐도 그대로 따라다니던 그림자가 어느 날 그늘에 들어가고 나서야 스스로 사라진 것을 알게 됩니다. 고통을 고통으로 직시할 때 우리는 과거도 미래도 아닌 현재를 살아갈 수 있습니다.

눈에 보이지 않는 생각은 눈에 보이는 현실을 만들어 냅니다. 눈에 보이지 않는 생각인 '무'가 눈에 보이는 현실인 '유'를 창조하는 것입니다. 그것은 누군가가 대신해 주는 것도 아니고, 스스로가 그렇게 짓고 스스로가 그렇게 받는 것입니다. 안으로는 자신의 보리심을 발견하고, 밖으로는 한 사람 한 사람에게 인연을 심어 모두가 행복해지는 세상을 만들고자 실천하는 지금 이 순간이 바로 수행의 시작이자 마지막입니다. 그 수행의 시작으로 작년 5월 보름 불영사에서는 누구나 쉽고 평등하게 함께할 수 있는 염불만일결사회가 발족되었습니다. 그렇게 함께 뜻을 모은 것이 얼마 전 1주년을 맞이하였고, 그 탄생을 기념하며 해외 어려운 나라에 자신의 미래를 포기하고 살아가는 아이들의 교육을 지원하고, 굶주리는 북한 어린이들을 돕도록 결정하였습니다. 뒤이어 울진 지역 사회복지의 일환으로 심전문화복지회관 기공식 또한 있었습니다. 마음을 열고 믿고 함께해 준 많은 이의 진심 어린 정성이 개인의 수행을 시작으로 모두에게 빛이 되는 삶임을 믿어 의심치 않습니다.

오늘도 우리는 '일상'이라는 이름으로 안거를 나고 있는지도 모릅니다. 깨어 있는 순간 우리의 삶은 그대로 수행의 장이 되기 때문입니다. 우리는 지금 이 순간 속에서만 온전히 존재할 수 있습니다. 지금 이 순간을 놓치는 삶은 자기 자신의 전부를 놓치는 것과 같습니다. 매 순간을 생활 속에서 자신을 있는 그대로 받아들이고 집중하여 몰입해 간다면 내가 진정 누구인지, 그 진실을 깨닫게 되리라 믿습니다. 오늘도 불영사 천축선원에는 스님들의 용맹정진이 이어지고 있습니다. 정진을 하는 순간순간은 나를 비롯해 이 우주 안의 모든 생명에게 동일하게 소중한 시간입니다.

부처님께서는 '생명 있는 모든 존재는 영원한 생명 속에 무한한 불성의 힘을 지니고 있다'고 말씀하십니다. 자기 자신의 무한한 내면의 힘을 믿고 생활 속에서 실천 수행만 한다면 우리는 반드시 깨달음을 얻을 수 있을 것이며 모든 것에서 자유로움을 얻을 수 있을 것입니다. 늘 현재 일념에 집중 몰입하시고 자비심으로 현재 일어나는 마음을 잘 다스리기를 기원드립니다. 이 인연 공덕으로 지구촌에 함께 사는 모든 이가 마음의 평화를 얻고 진정 행복하시길 축원드립니다.